FUHUN BOOKS

我

们

一

起

解

决

问

题

企业税务筹划合规指南

王永亮　著

人民邮电出版社
北　京

图书在版编目（CIP）数据

企业税务筹划合规指南 / 王永亮著. -- 北京：人民邮电出版社，2022.9（2023.2重印）
ISBN 978-7-115-59890-5

Ⅰ. ①企… Ⅱ. ①王… Ⅲ. ①企业管理－税收筹划－税法－基本知识－中国 Ⅳ. ①D922.220.4

中国版本图书馆CIP数据核字（2022）第148995号

内 容 提 要

《企业税务筹划合规指南》是作者多年从事税务法律服务和税法教学工作的经验总结。全书内容紧扣国家财税新政，聚焦企业涉税业务，深入讲解了企业常见税种，如个人所得税、企业所得税、增值税以及进出口环节涉及的关税、增值税与消费税的合规管理与筹划要点，同时对企业税务筹划如何兼顾其他领域的合规要求进行了介绍。本书体例新颖，案例丰富，有助于企业管理者与财税人员全面了解税务合规知识及涉税法律风险，使企业在合法合规的基础上，用足税收优惠政策带来的红利。

本书既适合从事财税工作的实务界人士和零财税基础的商务人士阅读，也可以作为财税培训机构与财经院校相关专业课程的指导用书。

◆　　著　　王永亮
　　责任编辑　付微微
　　责任印制　彭志环
◆ 人民邮电出版社出版发行　　北京市丰台区成寿寺路 11 号
　　邮编 100164　　电子邮件 315@ptpress.com.cn
　　网址 https://www.ptpress.com.cn
　　北京虎彩文化传播有限公司印刷

◆ 开本：880×1230 1/32

　　印张：8　　　　　　　　　　2022 年 9 月第 1 版

　　字数：120 千字　　　　　2023 年 2 月北京第 3 次印刷

定　价：59.80 元

读者服务热线：（010）81055656　印装质量热线：（010）81055316
反盗版热线：（010）81055315

广告经营许可证：京东市监广登字 20170147 号

　　我从事财税法的教学和律师实务工作已有近八年的时间，其间接受了很多企业和个人的税务咨询，代表企业参与过听证、复议、诉讼等行政争议解决，也为一些涉税犯罪被告人提供过刑事辩护服务。日积月累，我逐渐对税务有了更多的认识和体会，希望把我在税务咨询与争议解决中总结的工作经验分享给大家。

　　企业要做好税务筹划，做到税务合规，绝不能纸上谈兵，一定要先树立合规意识和风险意识。任何成功的税务筹划方案，都要经得住时间的检验。在税务争议解决当中，我见到过许多筹划失败的案例。税务筹划当时"立竿见影"，过了一段时间税务稽查局或者公安机关却找上门来，该补税的补税，该承担法律责任的承担法律责任。这些失败的税务筹划案例，都是值得大家注意的。企业能想到的税务筹划方案，可能已经有很多人在做了，也已经有了很多可以借鉴的经验，以及应该吸取的教训。

近两年，随着金税四期的上线，税务机关"精准画像"的技术手段越来越先进，对税收违法行为的查处也越来越精准；税务稽查体制发生了重大变革，税务稽查局打破了原有的行政区划，施行跨区的稽查，有效防止了办案程序中不当干预的发生。这些变化使得一些以"税务筹划"之名行偷税骗税之实的违法犯罪行为无处遁形。在这种情况下，纳税人应当更加关注税务合规的要求，防患于未然。如果平时不做好税务合规，等税务机关或者公安机关找上门来的时候将追悔莫及。

《企业税务筹划合规指南》一书是对我这些年从事税务法律服务和税法教学工作经验与体会的总结，希望读者能够从中有所收获。

本书具有以下特色。

（1）全书内容紧扣国家财税新政，聚焦企业涉税业务，可以帮助企业管理者与财税人员树立起税务合规意识和风险意识，避免自说自话、人云亦云。

（2）透彻讲解税务知识，深入解读税收优惠政策，有助于读者全面了解税务筹划，掌握税法的常用规定，对常见的涉税法律风险有所认识，并在保持合规意识的前提下，尽可能用足税收优惠政策带来的红利。

总之一句话，无合规不筹划。通过阅读本书，希望读者能够在税务筹划中拥有更加广阔的合规视野，将税务机关的合规要求与海关、市场监管、土地、价格、反垄断等合规要求进行通盘考虑，以达到企业经营活动全面合规的目的。

由于财税法规、制度更新变化较快，书中难免有错漏之处，恳请读者批评指正。

王永亮

2022 年 7 月 31 日

第一章　浅析税务合规

合规是所有税务安排的前提和基础，合规的筹划才是成功的筹划。

第二章　个人所得税合规与筹划

个人所得税合规是个人财富"落袋为安"的重要保障。

第三章　企业所得税合规与筹划

企业所得税筹划是一门"量体裁衣"的
学问。

第四章　增值税合规与筹划

增值税筹划得当，可有效降低商业活动的税收成本。

第五章　进出口环节的税务合规与筹划

搞明白进出口税收，才能把外贸做得既省钱又安心。

第六章　如何兼顾其他领域的合规要求

拓宽合规视野，除了税务合规，企业还要兼顾其他领域的合规要求。

附　录　税务筹划实例讲解

第一章

浅析税务合规

合规是所有税务安排的前提和基础，合规的筹划才是成功的筹划。

　　关于税务合法与税务合规，很多人都分不清这两者的区别。合法更多地强调服从，企业不得触碰法律底线；而合规则是在合法的前提下，更多地强调企业根据自身经营情况所做的商业安排。企业税务做到合法相对简单，只要熟悉法律的规则即可；而要做到合规，企业不仅要了解税法，还要能够根据自身的情况做出准确的判断。例如，每一个从事经营活动的企业都应当办理税务登记，办理了就合法，不办理就违法，这个很明显，也很容易遵守；但从合规的角度来看，企业仅仅办理了税务登记是不够的，还必须根据自身的经营情况判断应该办理何种税务登记，如登记为一般纳税人还是小规模纳税人，以实现税负最小化。因此，企业要做到税务合规，就必须在合法的规定动作基础上，做好税务筹划等自选动作。

一、金税四期对企业税务合规的要求

随着金税四期的上线，税务机关对虚开发票等税务违规行为的查处越来越高效，其精准程度令人吃惊。例如，在 2022 年年初发生的一起虚开发票的税务案件中，税务机关就直接通知某企业带上发票号码尾号为 1234 的发票接受调查。企业负责人接受调查之前心里发虚，觉得很诧异，开了那么多发票，税务机关为什么会知道这一张发票有问题呢？这其实一点也不奇怪，就是金税四期的智慧税务在发挥作用。

1. 金税四期的主要特点

概括起来，金税四期主要具有以下特点。

（1）实现从"以票管税"向"以数治税"的转变：以发票电子化改革为契机，实现对同一企业或个人不同时期、不同税种、不同费种之间，以及同规模同类型企业或个人相互之间税费匹配等情况的自动分析监控。

（2）**实现无死角监控**：全天候扫描，全过程跟踪，实现对税收执法风险和行政管理风险全生命周期管理，以大数据思维和技术搭建无处不在的监督网络。

（3）**多部门联合稽查**：建立健全税务部门与发展改革、科技、工业和信息化、公安、民政、司法、人力资源社会保障、住房城乡建设、商务、政务、市场监管、统计、医保、地方金融监管、人民银行等部门的数据共享机制。

2. 引发税务稽查的异常分析

简单理解，金税四期就是一个巨大的数据库，把与税收有关的所有公开信息全都汇总在一起进行稽核比对，如图 1-1 所示。

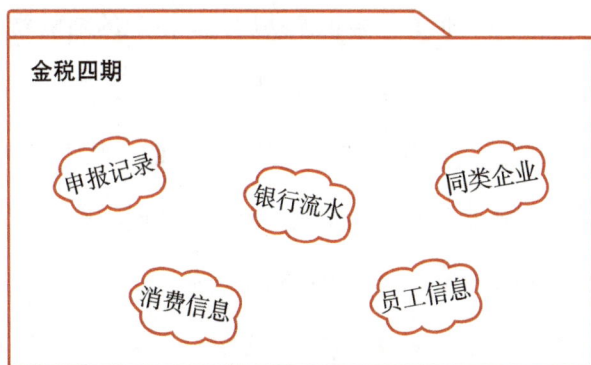

图 1-1　公开信息的汇总

因为有了不同来源的信息流，税务机关能够高效判定交易当中是否存在异常。从某种意义上讲，随着金税四期智慧税务的提升，每个企业的经营活动将更加公开透明。税务机关不仅可以了解企业申报的信息，还可以便捷了解企业员工的信息、法人代表个人的银行流水信息及消费信息等。企业的某一个行为，税务机关孤立来看可能看不出问题，但如果汇总不同的信息，问题就会非常明显。这一点，从税务机关的公告中就可以看出，越来越多的案发线索来自大数据分析，而不是税务举报。

例如，一家企业总是采取隐蔽的手法逃税，以往可能难以发现问题，但有了金税四期后，该企业的纳税数据可以很轻松地与全市乃至全国同类规模的同类企业进行比较。这家企业自己提交的材料表面上可能反映不出问题，但如果实际税负率长期低于其他企业，同时涨跌状态总是与其他企业不一致，就有可能引发税务稽查。这种大背景下，就要求企业的税务合规一定要做好，或者与同行业的纳税数据（如实际税负率）保持一致，或者在不一致时能够给出合理的解释。企业若没有这样的意识，后果可能会非常严重。

金税四期在税务案件的侦办过程中发挥着重要的作用，它将千丝万缕的异常信息串联起来，编织成了一张证据确凿的大网。

【案例1-1】在某起"虚开增值税专用发票、用于骗取出口退税、抵扣税款发票"的案件中，公诉机关就是借助金税四期当中的大数据，认定广州××医疗器械有限公司于2017年11月至2018年6月期间，涉嫌在没有实际经营业务的情

况下，为医药公司及医药代表提供"过票"中介
服务，并收取手续费从中牟利。该公司采用虚假
过账的方式获得虚开的增值税专用发票，用于进
项抵扣。据统计，该公司以支付手续费的形式为
八家企业开具增值税专用发票 270 张，价税合计
人民币 1 223 万元。

二、降低税负是税务合规的内在动力

金税四期是企业税务合规的外在压力，而降低税负则
是企业做好税务合规的内在动力。企业在商业活动中，由
于具体的商业环境不同，为了降低税负，需要做出一定的
税务筹划。而税务筹划能否做到合规，能否得到税务机关
的认可，这与企业自身的税务筹划能力直接相关。

在进行具体税种的筹划之前，我们先要了解税务筹划
的基本思路，这样才能对税务筹划有一个基本的认识，形
成合理的预期。只有把握好这些基本思路，才能够保证后

续的具体工作不跑错方向。具体如图 1-2 所示。

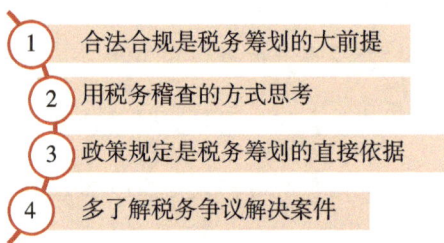

1. 合法合规是税务筹划的大前提
2. 用税务稽查的方式思考
3. 政策规定是税务筹划的直接依据
4. 多了解税务争议解决案件

图 1-2　企业税务筹划的基本思路

1. 合法合规是税务筹划的大前提

同样是降低税负，税务筹划是合法合规的，偷税和骗税是违法违规的。企业开展税务筹划，除了遵守税务法律法规，在特定的交易场景下，还必须同时兼顾其他的行政法规。例如，在跨境电商经营活动中，企业就必须同时兼顾海关的规章制度。跨境电商企业要安排"双十一"的促销活动，会比国内电商受到的限制更多，在产品定价方面，除了遵循税法当中关于价格折扣的规定，还要符合海关关于价格折扣的合规要求，如跨境电商的价格折扣必须是面向全体消费者的，而不能仅仅面向 VIP 会员。

因此，科学的税务筹划方案，要在不同的场景下满足不同的监管要求。只有合法，才能称得上税务筹划。如果连合法合规都无法保证，那么后续的具体策划可能会涉及违法犯罪。下面给大家列举一个税务稽查案例。

【案例1-2】A企业一直给B企业供应软件，并按照6%开具增值税专用发票，双方有稳定的合作关系。直到有一天，B企业经人指点，认为应当获得13%的增值税专用发票。在双方协商未果的情况下，有人提出了一个方案，即引入C企业，A企业和C企业签订合同、C企业和B企业签订合同，软件的交付仍然一如既往，由A企业直接将软件交付B企业。开票流程则被拆分为两个环节：C企业向A企业付款，A企业开具6%的增值税专用发票给C企业；B企业向C企业付款，C企业向B企业开具13%的增值税专用发票。

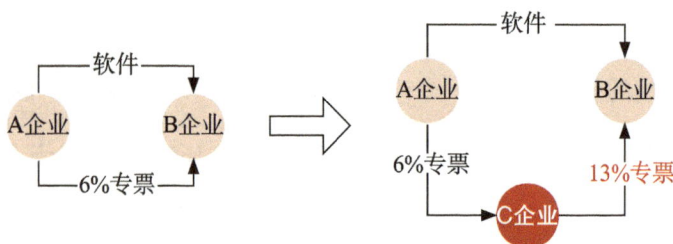

　　为了确定方案的可行性，C企业还聘请了财务顾问进行审查，财务顾问认为三方协商一致即可，没有问题。该方案实施两年后被税务稽查局认定为虚开增值税专用发票。

　　这是我曾参与解决过的一起税务稽查真实案件，从税务稽查阶段接受委托到介入案件，我了解了前期整个过程。上述企业之所以后续被稽查，就是因为企业所聘请的财务顾问并不了解税务合规的标准，不了解税务机关对于虚开发票的执法标准。协商一致，只是符合了《中华人民共和国民法典》（以下简称《民法典》）中关于订立合同的要求。符合《民法典》的要求，并不等于就自动符合了税法的要求。这完全是两个不同的标准体系。后面章节在介绍具体税种的税务筹划方案时，会进一步举例强调这种差异。不了解税务合法合规的标准，税务筹划就有可能引出大麻烦。事后想来，筹划了还不如不筹划，省了小钱闯了大祸，还得花更多的钱去弥补。

2. 用税务稽查的方式思考

税务筹划绝对不是关起门来找灵感，而是需要了解税务规则，站在税务稽查的角度换位思考。同样的一个行为，税务机关会怎么看？这一点很重要，也是很多企业在税务筹划时经常忽视的一个问题。

通常的税务筹划场景是：企业负责人碰到了税务问题，听听财务人员或者第三方的意见后自己就拍板了。在这样的场景中，企业负责人是税务筹划活动的主导者。有些人认为，税务筹划只要能够自圆其说就行，不怕税务稽查。但最大的问题是，有些企业所做的税务筹划方案，无视了最基本的税务规则。一旦进入税务稽查阶段，税务稽查局会有自己的理解。因此，企业在税务筹划过程中，必须了解税务稽查的思维模式。

税务稽查一般会根据金税四期的大数据分析得出稽查的线索，确定稽查对象，针对发现的不合理的情况，要求企业做出合理的解释。例如，企业的实际税负率为什么低于同类企业？企业所得税与增值税的交税金额为何不匹配？货物流为何没有相应的物流企业发票佐证等。企业如果不能对税务机关提出的疑点做出合理的解释，可能就会面临税务处理或者处罚。

上述税务稽查的思维模式，可能与很多企业平时想象的税务稽查不太一样。很多企业会认为，税务机关负有举证责任，税务机关拿不出证据来，企业就不会产生法律责任。但事实上，在税务稽查中，举证责任往往在企业，企业要能够证明自己的经营活动是合规的。有些企业由于对税务稽查思维模式缺乏了解，因此在税务筹划中往往表现得过于乐观。

3. 政策规定是税务筹划的直接依据

政策规定是税务筹划最直接的依据。税务筹划最基本的思路，就是满足政策规定所设定的条件，满足税收优惠政策的要求，以达到合法减轻税负的目的。例如，国家目前对小微企业的增值税有优惠。小微企业年销售额不能超过 300 万元。如果一家企业 2021 年 12 月年销售额已经临近 300 万元，完全可以考虑把后续的生意放到 2022 年来做，从而保证能够享受小微企业的增值税优惠政策。这种税务筹划的思路，就是对企业正常的业务进程进行调控，以满足税收政策的要求。这种筹划，必须基于企业的实际情况，而不能扭曲真实的交易。例如，演艺界人士将上亿元的收入拆分到几十家小微企业当中，就不是合法的税务筹划，而是偷税。

在实际经营当中，每家企业的经济业务是不同的，但这种差异性却往往被忽略，照搬照抄其他企业税务筹划方案的做法比比皆是。在 2021 年的一次税务咨询中，我碰到了一家因为虚开发票而被经侦刑事调查的企业。该企业负责人表示，其聘请了一位税务筹划专家，并按照专家给出的通用方案（专家全国巡回演讲的 PPT 文件）进行了复杂的交易结构安排，最终被卷入虚开发票案件中。该企业最大的问题在于，其没有对专家给出的税务筹划通用方案进行个性化的分析，适合其他企业的税务筹划方案未必就适合本企业。企业所有税务筹划的依据，必须是现行有效的法律法规与相关政策，而不是某位专家做的 PPT 文件。

以下分享一个真实的案例。

【案例 1-3】2018 年 12 月 29 日，某税务局对原告 J 公司出具税务事项通知书（以下简称被诉通知书），告知原告 2018 年 4 月 8 日向该局申报的所属期为 2018 年 3 月，免抵退税额 3 323 242.93 元，其中应退税额 3 163 702.78 元，免抵税额 159 540.15 元的事项，经核查，不符合出口货物退（免）税的相关规定，不适用增值税退（免）税办法。被诉通知书相关内容如下所述。

"你公司2018年4月8日向我局申报（所属期2018年3月）自产用于出口，出口的货物名称为'超导线（有接头）'（海关商品编码为85444229）涉及免抵退税额3 323 242.93元，存在以下问题：你公司经过白银切割-溶解-拉丝-套塑-包装等工艺，生产出超导线（不含接头），并以外购接头（原进口包装）直接配套装箱出口，出口报关单上以'超导线（有接头）'一个商品编码申报出口。

根据你公司提供的资料说明，产品出口后不能直接使用，需要外商另外经过六个生产步骤方能形成可用的产品，因此认定如下。

一、按照《国家税务总局关于出口货物劳务增值税和消费税有关问题的公告》（国家税务总局公告2013年第65号）第七条的规定，你公司出口的'超导线（有接头）'不属于出口后能直接与本企业自产货物组合成成套产品的货物，不符合视同自产货物，不适用增值税退（免）税办法。

二、你公司将自产超导线与外购合金接头出口，应属于两种独立的货物出口，适用不同的出口退（免）税政策。你公司自产超导线原材料为白银和 PVC 胶料，经测算，原材料成本中白银含量为 99.76%。

依据《财政部 国家税务总局关于以贵金属和宝石为主要原材料的货物出口退税政策的通知》（财税〔2014〕98 号）第一条的规定，你公司出口的自产产品超导线原材料成本中白银占比超过 80%，应按照白银的增值税、消费税政策执行。白银属于国务院决定取消出口退（免）税的货物，对应的商品编码在出口退税率文库中退税率为 0，所以你公司出口的自产超导线应视同内销货物征税。

依据《财政部 国家税务总局关于出口货物劳务增值税和消费税政策的通知》（财税〔2012〕39 号）第六条第一款第（一）项第 1 目的规定，

你公司原进口包装并直接配套装箱出口的外购接头，适用免税政策。

三、你公司应在收到本通知次月的增值税纳税申报期内到国家税务总局梧州市××区税务局依法申报纳税……"

企业认为税务局的处理存在问题，不愿履行相关责任，故诉至法院。

在这起出口退税案件中，有着非常明显的税务筹划痕迹。企业自产的超导线因为白银含量过高，无法办理出口退税。于是，企业外购合金接头，将超导线与合金接头作为"超导线（有接头）"申请出口退税。在把超导线与合金接头作为一个商品"超导线（有接头）"来测算时，白银的含量符合出口退税的要求。法院判决书中显示，J公司之所以这样操作，是因为看到有其他企业这样操作后，并没有受到税务局的处理，故认为可行。其税务筹划思路如图 1-3 所示。

税务局对此做出解释，案外企业出口的超导线和合金接头都是外购的，而本案中的企业出口的超导线是自产的，合金接头是外购的；案外企业属于生产企业，而本案中的企业属于外贸企业。案外企业出口退税案与本案企业出口退税案适用的依据是不同的。

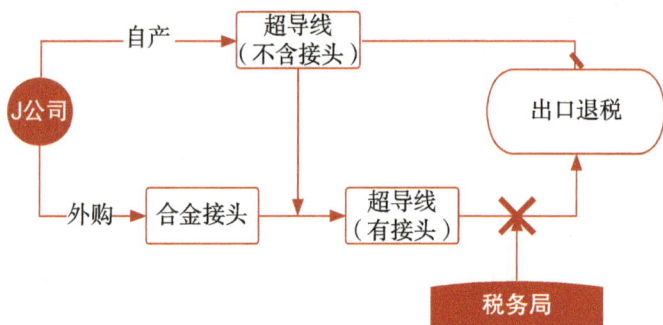

图 1-3　J 公司的税务筹划思路

法院终审判决也认为，本案与案外企业出口退税案中的退税商品在生产工艺、是否全部外购等事实上存在明显的区别，税务局针对两起案件适用两种不同税务政策，均不影响对本案事实与结果的认定。上诉人主张的理由不成立，本院不予支持。

税务筹划中切忌"照葫芦画瓢"。税收政策差之毫厘、谬以千里。大多数企业能把自己的情况搞清楚就很不错了，对其他企业与自身的情况是否相同，往往缺乏准确了解的渠道。因此，企业很多时候会出现错误的判断，认为其他企业的税务筹划方案也适用于本企业。这种筹划思路是错误的，税务筹划还是要立足企业自身的情况，找到适合自己的法律依据，而不能直接照搬其他企业的做法。

4. 多了解税务争议解决案件

立竿见影，是很多企业在税务筹划时最主要的诉求。实务中会存在这样的场景：企业针对某项税务筹划方案询问了两家税务咨询机构，一家说可行，另一家说不可行，说不可行的税务咨询机构可能就出局了；企业问节税的力度有多大，一家说 15%，另一家说 25%，说 15% 的税务咨询机构可能就出局了。这类企业税务筹划的目标明确，见效要快，力度要大，却往往忽视了税务筹划的合法性和合规性。那么，企业怎样才能知道自己的税务筹划是否合法合规，是否能够经得住时间的检验呢？

企业要想知道自己的税务筹划方案是否稳妥，看看类似企业税务筹划的最终结果就知道了，大家可以参考税务稽查局的决定书和人民法院的涉税判决书。当然，法律文书的数量庞大，阅读这些文书需要消耗大量的时间和精力。但唯有如此，才能真正了解税务筹划的可靠性。如果类似的筹划方案已经发生了很多争议，诸多企业受到了税务稽查，负责人锒铛入狱，那么自身企业的税务筹划风险就是不言自明的。

换句话说，企业要将税务筹划与税务争议解决结合起来分析。企业相关人员在制定税务筹划方案时，一定要了解相关的税收争议是怎么产生的、最终是怎么解决的，这样才能够为企业提供可靠的建议。企业无视法律文书中已有的结论，沉浸在对税法抽象的理解当中，所做的税务筹划方案很容易涉嫌违法犯罪。

【案例 1-4】我国某企业从国外进口货物，由于我国进口环节税收以从价征收为主，因此该企业便把税务筹划的重心放在了降低进口价格上。企业打算在香港设立一家贸易公司，国外的货物先运至香港，然后按照成交价格的一半销往内地，向海关申报纳税，这样进口环节税收就相应降低了一半。

此案例中的方案可行吗？如果你看过大量的走私犯罪判决书，就能敏锐地感觉到，这涉嫌低报价格刷单走私。这类案件已经生效的判决书有很多，从法律上讲，其伪报了成交价格，违法性是非常明确的，不存在争议。但对于没有经历过税务争议解决、不关注类似违法案件的税务筹划人士来说，这可能会被当作一种有效的税务筹划模式。因此，只有多了解同类税务筹划的风险与结果，才能确保税务筹划方案的稳健性。

三、与税务机关加强沟通

税务筹划的过程，就是把税收法规具体运用于商业活动的过程。在这个过程中，税收法规是抽象而复杂的，而企业的商业活动是非常具体且充满个性化的，这使得很多商业交易的准确定性可能存在争议。例如，发行人发行的可转换债券，虽然名为债券，但在税收上可能被认定为股权；融资租赁交易，虽然形式上存在买卖，但税收上可能被视为融资。随着商业活动的创新，越来越多法律上没有明确规定的情况会不断涌现出来。

在这种情况下，企业税务筹划要实现预期的合法节税，与税务机关尤其是主管税务机关的事前沟通就是非常必要的。因此，税务筹划绝不仅仅是案头材料的筹划，也不是企业单方主观看法的筹划，而应打开门做筹划，积极听取税务机关的意见。

我曾代表企业就税务问题与税务机关进行过沟通，参与过听证会，参与过行政复议和行政诉讼，也曾提供过很多刑事辩护服务。总结下来，我认为与税务机关沟通应当重点关注图 1-4 所示的几个问题。

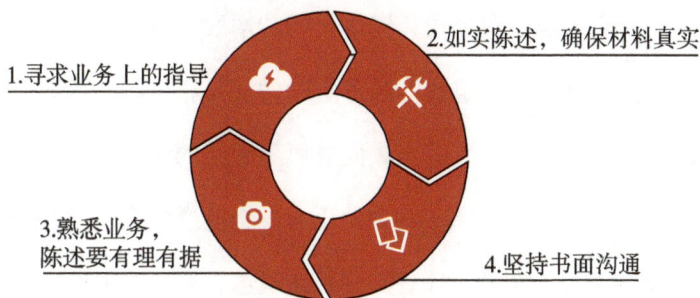

图 1-4 与税务机关沟通应当重点关注的问题

1. 寻求业务上的指导

在税务筹划过程中，当存在疑虑与意见分歧时，企业要积极地与主管税务机关沟通，寻求业务上的指导，这是一种行之有效的方式。

以上市公司为例，在企业上市之前的股改阶段，对于资本公积转增股本是否缴纳个人所得税这一问题，一直存在争议。一种意见认为，根据国家税务总局的规定，只有上市公司发行股票形成的资本公积转增股本才可以不缴纳个人所得税，而股改时发行人不是上市公司，因此不符合税收政策的规定，应当缴纳个人所得税；另一种意见则认为，即使不是上市公司，资本公积转增股本也可以不缴纳个人所得税。面对争议，最务实的做法是积极与主管税务机关沟通，由税务机关出具同意暂不缴纳的税务通知。同时，为了降低主管税务机关的压力，企业通常会补充提交一份承诺函，承诺若日后需要补缴税款，则愿意补缴。这样操作，一个复杂的税收争议就可以顺利解决了。

2. 如实陈述，确保材料真实

如实陈述，提交真实的材料，是与税务机关有效沟通的前提和基础。在真实性得到保障的情况下，企业如果对某项税务处理存在异议，可以与税务机关沟通，即使沟通无效，也可以提起行政复议或者行政诉讼。

【案例 1-5】陈某因邮寄了超量的鞋和帽子，受到海关的质疑，海关要求其提供佐证材料证明申报的价格是真实的。陈某起初准备了一些虚假的材料，但其中漏洞百出。后在他人建议下，其向海关主动承认了价格过低，申请补税结案。

案例中，如果陈某提供虚假材料，海关在通过正常问询无法查明实情的情况下，很可能会将案件移交缉私局，动用侦查手段调查，这件事情完全可能朝着走私犯罪的刑事案件方向发展。所以，在这种情况下，讲真话，提供真实材料，往往是解决问题最有效的做法。

另外，不管多大的企业，最终代表企业接受调查的都会具体到经办人员。对于经办人员来说，千万不能造假，以免引火烧身，将企业的法律责任转移到自己身上。

【案例 1-6】在一起保税料件短少的海关稽查案件中，A 企业的保税边角料被内部员工盗卖，造成企业加工贸易手册无法平衡。前任管理人员离职后，后任管理人员发现了这个问题。为了做到手册的平衡，A 企业后任管理人员提出，是否可以从其他地方购买一些边角料，冒充企业原有的边角料，这样就可以把加工贸易手册做平了。

这是我曾经处理过的一个真实事件，A 企业后任管理人员的想法被我否定了，企业最终没有这样做，而是在我的建议下向海关进行主动披露，最后仅补缴了税款，并未受到海关的行政处罚（见图1-5）。这是一个典型的案例，前任管理人员的工作行为无论是否涉嫌违法违规，都与后任管理人员个人没有关系。但是，如果后任管理人员为了掩盖问题，实施了新的违法违规行为，那么不仅解决不了企业的问题，个人还要承担相应的法律责任。

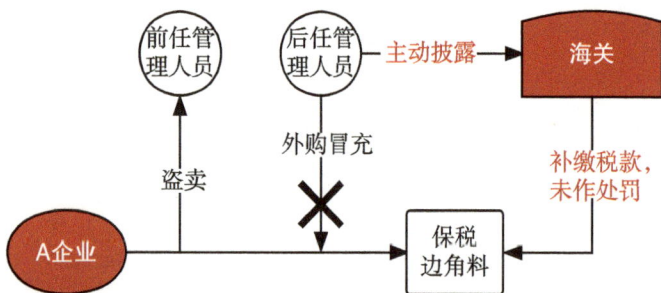

图1-5　海关稽查案件处理

3.熟悉业务，陈述要有理有据

在实事求是的基础上，企业应当了解现行的税收政策，对于自身的经营行为要能做出合理的解释。税法的规则是固定的，而企业的商业活动则千差万别，充满了个性化，对于税务机关提出的质疑，企业要能够结合自身的商业活动特点与具体的税收规范，做出有利的解释。

不同的企业碰到的问题也不尽相同，下面列举两个比较有代表性的案例。

（1）混合销售的开票问题

【案例 1-7】甲企业从上游企业购买货物，然后原封不动地售出，物流也是从上游企业依据甲企业的指示直接发送到下游企业。上游企业给甲企业开具的增值税专用发票的税率为 6%，甲企业给下游企业开具的增值税专用发票的税率为 13%。之后，甲企业接到了税务机关的调查通知。

税务机关调查的理由是，甲企业低进高出，同样的货物发票的税率应当一致，因此怀疑甲企业涉嫌虚开增值税专用发票。

甲企业向税务机关做出说明，之所以这样开

票，是因为本案的交易属于混合销售。在混合销售中，销售方按照自身的主业确定税率。上游企业的主业是服务行业，因此适用 6% 的税率开票；甲企业的主业是生产行业，因此按照 13% 的税率开票。

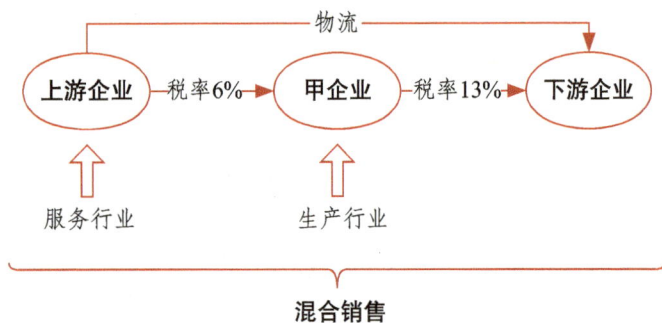

税务机关经过调查核实，最终接受了这种说法，未以低进高出为由认定甲企业虚开增值税专用发票。

同样类似的案件，有的企业就被认定为虚开增值税专用发票，因为企业给出的理由是"不知道应该开多少税率的发票，所以从高开具了增值税专用发票"。这种解释税务机关是不认可的，因为在税法上，适用何种税率开具发票是有明确规定的。从高开具增值税专用发票，看上去企业多缴纳了增值税，但下游企业也相应多抵扣了增值税。算总账的话，企业并不吃亏。

还有企业给出的理由是，为了解决上游企业无法直接向下游企业开具 13% 增值税专用发票的问题，才由原先的上下游企业的双方交易转变为三方交易。这样一解释，给税务机关的感觉更是虚开增值税专用发票了。

（2）关联企业分摊协议

【案例 1-8】一家外资企业的中国公司接到税务机关的电话，要求报送成本分摊协议。这家中国公司每年统一向境外母公司支付业务招待费，然后在境内四个经营场所之间进行分摊。但从来没有签订过成本分摊协议。

这是我在实际工作中受理过的一个咨询案例，该企业在接到税务机关的调查通知后，先想到的是补签成本分摊协议。这个想法是错误的，纯属画蛇添足，有可能把原本合规的事情最终折腾成不合规。

我建议该企业如实向税务机关进行说明，承认没有分摊协议。之所以这样做，是因为在后续的咨询过程中，我详细询问了企业的经营场所究竟是子公司还是分公司。企业明确说明，经营场所是分公司。

分公司不需要成本分摊协议，国家税务总局有关成本分摊的要求仅适用于关联方，而分公司与公司之间并非关联方的关系。

根据《国家税务总局关于印发〈跨地区经营汇总纳税企业所得税征收管理办法〉的公告》（国家税务总局公告 2012 年第 57 号），分公司与总公司之间原则上实行汇总纳税。汇总纳税企业实行"统一计算、分级管理、就地预缴、汇总清算、财政调库"的企业所得税征收管理办法。也就是说，分公司与总公司发生的费用最终是要汇总到总公司算总账的，内部如何分摊，并不影响最终缴税的金额。因此，总公司与分公司之间的分摊，并不会产生逃税的风险。

因此，该企业说明情况后，税务机关未再对企业做进一步调查。

实务中，企业要了解税收政策，在接到税务机关的调查通知后，把关键的事实讲清楚。例如，在这个案例中，企业就一定要说明经营场所的组织性质到底是子公司还是分公司，这在企业所得税管理方面的区别还是很大的。解释不清，就可能会被特别纳税调整。

4. 坚持书面沟通

企业在与税务机关进行沟通时，最好通过书面的方式把协商好的内容确定下来。因为口头协商的内容可能会因时间的变化和经办人员的更换而灭失，这种情况下，在税务稽查时，当时具体的协商内容就难以说清，由此引发税务风险。

【案例 1-9】甲企业提请税务行政复议，原因是，该企业于某年，在某会计师事务所的建议下，采取了分期确认收入缴纳企业所得税的方案，并表示当时该方案得到了税务部门的认可。但时过境迁，在后续的税务稽查中，税务稽查局并不认同，认为应当按照收付实现制，在收到款项的当月一次性确认全部收入。

之后通过税务听证程序，固定了双方所有的说法，并最终通过调解的方式结案。

通过这个案例可以看出，沟通的方式很重要，企业不能只顾及眼前，要更多地考虑长远的合规。一个税务筹划方案确定后，不仅要能经得住当时税务机关的调查，也要经得住后续的税务稽查。

另外，坚持书面沟通，事后在处理其他相关事务时也好有个凭据。一旦涉税，企业可能不仅仅是缴纳税款那么简单，后面往往还会有很多相关问题需要处理。

【案例1-10】某商场内的特约商户销售金银首饰，商场除了负责开票之外，其他的销售活动均由特约商户完成，如产品展示、促销、交付货物、现场检验、后续客服等，特约商户按照销售额的一定比例向商场支付联营费用。

2022年1月，税务机关向商场发出税务评估的通知，要求商场对消费税的纳税情况进行评估。经评估后，税务机关认为，特约商户销售的1 000万元的珠宝应当由商场缴纳消费税，并出具了纳税评估通知书。经过近三个月的沟通，商场按照税务机关的要求缴纳了约500万元的消费税。

商场在缴纳了消费税后，认为特约商户才是金银首饰的零售商，应当承担消费税。于是，商场向特约商户发函，要求特约商户赔偿消费税损失。

第二章

个人所得税
合规与筹划

个人所得税合规是个人财富
"落袋为安"的重要保障。

个人所得税是离我们最近的税种，所有的应税行为，只有在依法缴纳了个人所得税之后，才能成为个人的合法收入，也才能以此为基础进行家族财富的传承。但个人所得税受税收政策影响比较大，且往往与其他税种嵌套，因此在实际操作中存在较多的误区和风险。

一、个人所得税的计税方式

当把一笔钱转化为个人合法收入时，基本上都会涉及个人所得税。自 2019 年 1 月 1 日起，新的《中华人民共和国个人所得税法》（以下简称《个人所得税法》）生效。

自此，个人收入被分为两大类：综合所得与分别所得（见图 2-1）。综合所得包括工资、薪金所得，劳务报酬所得，稿酬所得，特许权使用费所得。分别所得包括利息、股息、红利所得，财产租赁所得，财产转让所得和偶然所得。除上述八种所得之外，《个人所得税法》还针对从事经营活动的个体工商户、合伙企业中的个人合伙人等其他个人，规定了经营所得。

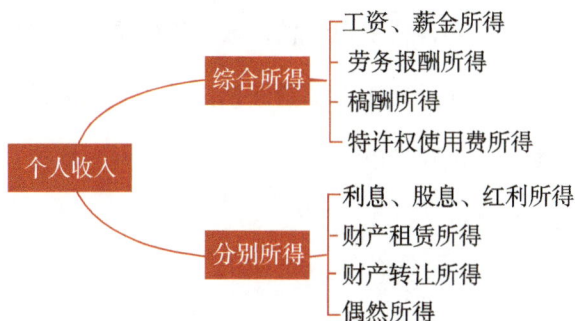

图 2-1　个人收入的两大类

1. 综合所得与经营所得的计税方式

综合所得与经营所得适用超额累进税率。综合所得适用 3%~45% 的超额累进税率，经营所得适用 5%~35% 的超额累进税率。超额累进税率的中心思想是，以公历年度为纳税周期，在这一年当中，随着纳税人累计收入的提高，所适用的税率也会相应提高。当纳税人的综合所得年收入超过 96 万元时，即适用 45% 的最高税率。次年的 3 月 1 日到 6 月 30 日，为上一年度个人所得税的汇算清缴日期，也就是纳税人和税务机关"多退少补"算总账的日子。

为方便纳税人自行申报纳税，国家税务总局专门上线了个人所得税 App。每年汇算清缴期内，个人所得税 App 会给出供参考的汇算清缴结果，纳税人如果没有异议，直接点击确认就可以了，非常方便。

综合所得在征收上有一个特点，就是年终实行预缴，次年进行上一年度税款的汇算清缴。因此，纳税人年终获得综合所得时，其纳税义务并不明确。

【案例 2-1】张某 2021 年写了本小说，获得了 10 万元的稿费。对于稿费收入，张某需要按照何种税率缴纳个人所得税，在 2021 年年终并不清楚。2022 年度汇算清缴期间，只有把 10 万元的稿费和其他综合所得汇总，才能知道应当适用的税率。例如，张某还取得工资、薪金收入 90 万元，则应税收入总金额为 100 万元，应当按照 45% 的税率缴纳个人所得税。

在这个案例中，大家要注意一点，稿酬不是劳务，稿酬是和劳务所得并列的个人所得税应税收入。

具体的汇算清缴方式为，年度终了，居民个人（以下称纳税人）需要汇总纳税年度取得的工资、薪金，劳务报酬，稿酬，特许权使用费四项所得（以下称综合所得）的收入额，减除费用 6 万元以及专项扣除、专项附加扣除、依法确定的其他扣除和符合条件的公益慈善事业捐赠后，适用综合所得个人所得税税率并减去速算扣除数，计算年度汇算最终应纳税额，再减去纳税年度已预缴税额，得出应退或应补税额，向税务机关申报并办理退税或补税。具体计算公式如下：

$$应退或应补税额 =[（综合所得收入额 -60\,000 元 - "三险一金"$$
$$等专项扣除 - 子女教育等专项附加扣除 - 依法$$
$$确定的其他扣除 - 符合条件的公益慈善事业捐$$
$$赠）\times 适用税率 - 速算扣除数]- 已预缴税额$$

2. 分别所得的计税方式

与综合所得不同，分别所得适用比例税率，也称固定税率。利息、股息、红利所得，财产租赁所得，财产转让所得和偶然所得，适用比例税率，税率为 20%。

分别所得是不需要进行次年的汇算清缴的，也不需要进行日常的预缴预扣，它是以"次"来进行税款结算的。

【案例 2-2】张某 2022 年 5 月 1 日中了 500 万元的彩票，并通过支票领取了奖金。彩票所得属于分别所得中的一种，就此项所得，张某的纳税义务在 2022 年 5 月 1 日取得奖金时就明确了，税款为 100（500×20%）万元。彩票机构进行代扣代缴，向张某支付 400 万元的税后奖金，剩下的

100万元缴纳给税务机关。因为是分别所得，所以张某的彩票收入是不需要等到2023年进行汇算清缴的。

除了上述较常见的收入所得，个人所得税还会涉及一些比较特殊的内容。例如，来中国工作的外国人如何缴税、到外国工作的中国人如何缴税、要移民到国外的中国人如何缴税、全年一次性奖金如何缴税等。这些特殊的问题，可能会分别涉及扣除项目的选择、居民个人与非居民个人的判断、注销户口前一次性缴清税款以及年终奖是否并入综合所得等税务知识，条文规定较多，这里不再一一赘述，大家可查阅相关政策法规。例如，《关于非居民个人和无住所居民个人有关个人所得税政策的公告》（财政部 税务总局公告2019年第35号）、《关于在中国境内无住所的个人居住时间判定标准的公告》（财政部 税务总局公告2019年第34号）等。

二、个人所得税的税务筹划

个人所得税的税务筹划主要有以下几种方式，如图

2-2 所示。

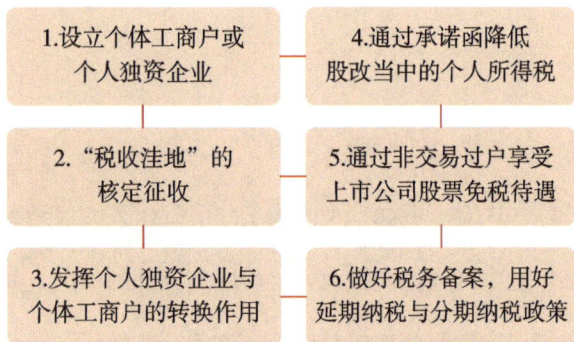

图 2-2　个人所得税的税务筹划方式

1. 设立个体工商户或个人独资企业

设立个体工商户或个人独资企业是税务筹划的一种方式。与设立股份有限公司相比，设立个体工商户或个人独资企业更利于节税。

例如，一位主要工作为全国各地巡回讲课的知名讲师，每周讲一场，每场 5 万元，这样算下来一年有近 300 万元的收入，按照《个人所得税法》的规定，该收入适用 45% 的税率。相当于，其每年近一半的讲课收入要缴纳个人所得税。

其实，年收入在 500 万元以下的个人，都是可以考虑通过设立个人独资企业和个体工商户来解决个人所得税问题的。这与税款的征收方式有关，包括个人所得税在内的所有税种，都包含查账征收与核定征收两种方式。

《中华人民共和国个人所得税法实施条例》（以下简称《个人所得税法实施条例》）第十五条就明确规定，"从事生产、经营活动，未提供完整、准确的纳税资料，不能正确计算应纳税所得额的，由主管税务机关核定应纳税所得额或者应纳税额。"由于个体工商户或者个人独资企业体量不大，建账和征税的成本与收益不成比例，因此这两者长期以来都是允许核税的。据了解，有些按照 45% 征收的个人所得税，核定征收税率可以低至 3.75%。

除了可以核定征收，个体工商户还有很多经营上的便利规定。例如，个体工商户可以不开设银行账户，而由投资人个人的银行账户收付款项；注册资金在 10 万元以下的不需要设立账簿；等等。

但是，近年来，有些高收入群体滥用个体工商户和个人独资企业核定征收，动辄设立几十家个人独资企业，将几个亿的收入化整为零，通过核定征税的方式大幅降低纳税幅度。他们这样做的目的就是逃税。

由于个体工商户和个人独资企业税款核定征收被滥用，导致核定征税的口子越收越紧，因此企业在具体实施此项税务筹划时，还要详细咨询当地税务机关，在依法依规的情况下通过核定征收缴纳税款。

企业通过核定征收进行税务筹划，应当注意以下三个风险点。

（1）体量

如前所述，任何一种税务筹划方式都不是放之四海而皆准的，都有一定的适用对象和适用条件。个体工商户和个人独资企业，只适用于那些客观上体量较小、年开票金额在 500 万元以下的个人。对于那些每年流水过亿的个人来说，若要将 1 亿元拆成 20 个 500 万元，设立 20 个个体工商户或个人独资企业，无异于削足适履。在税务稽查中，税务机关会启动一般反避税规则，对交易的实质做整体性的判断。也就是说，税务机关会将20个个体工商户或个人独资企业作为一个整体来判断，以确定交易的正当性。《个人所得税法》增设的一般反避税规则，就是为了打击这种形式合规而实质不合规的避税行为所制定的。

《个人所得税法》第八条规定，"有下列情形之一的，税务机关有权按照合理方法进行纳税调整：

（一）个人与其关联方之间的业务往来不符合独立交易原则而减少本人或者其关联方应纳税额，且无正当理由；

（二）居民个人控制的，或者居民个人和居民企业共同控制的设立在实际税负明显偏低的国家（地区）的企业，无合理经营需要，对应当归属于居民个人的利润不作分配或者减少分配；

（三）个人实施其他不具有合理商业目的的安排而获取不当税收利益。

税务机关依照前款规定作出纳税调整，需要补征税款的，应当补征税款，并依法加收利息。"

（2）发票

发票是所有税务筹划中必须要考虑的问题。随着金税四期的上线，我国逐步从"以票管税"转变为"以数治税"，发票被赋予了重要的载体作用。即使企业没有偷税，但发票使用不规范，仍然会受到行政处罚或者行政处理。在个人所得税的筹划中，也必须考虑发票的合规问题，重点在于开具发票所载明的内容与实际情况是否相符。

例如，某网络主播逃税 13 亿元，其手段之一就是将个人的劳务报酬所得伪报为生产经营所得。这种情况我在以往的税务咨询中也碰到过。某演员在北京拍电影，拍完之后预计票房会很好，于是考虑设立个人独资企业，希望了解是否可行。我当时给出的意见是，这样操作有风险。因为在提供应税劳务时，并不存在个人独资企业，所有的收益不可能归属于事后设立的个人独资企业。如果由个人独资企业直接收款，按照个人独资企业的生产经营所得核定税款，就会出现与上述网络主播相同的税务风险。

为了避免这方面的风险，纳税人一定要筹划在先，也就是要在劳务（如拍电影）尚未提供时，先设立好个人独资企业，以个人独资企业的名义签订合同，收取劳务费。

实践当中，也存在企业高管或者核心管理团队通过设立个人独资企业或者个体工商户降低工资薪金税负的情况。例如，企业高管年入千万元，如果都按照工资发放计税，税负很高。于是，有些企业高管就与企业达成协议，由企业高管或者高管指定的特定关系人设立个人独资企业，企业将本应发放的工资薪金直接打款给个人独资企业。个人独资企业为了收取这笔实质上为工资薪金的收入，就必须伪造并不存在的交易事项，如为企业提供了咨询服务等，并按照咨询服务等开具发票。这些做法都是不合法的，原因在于向税务机关错误申报了应税科目，适用了错误的税率。

（3）收款人

在个人独资企业与个体工商户的税务筹划中，还有一个经常容易出错的地方。例如，我在给娱乐企业进行税务咨询时，就有人提到了演员个人工作室的税收核定问题。甲、乙都是演员，甲以自己的名义设立了工作室，乙收到了一笔演出款项，乙能通过甲的工作室过一下账、收一下款，从而享受工作室的核定税收优惠吗（见图2-3）？甲自己不方便注册工作室，便用自己母亲的身份证注册了一个工作室，甲的收入能通过工作室核定征收吗？

上述两个问题的答案都是否定的。无论是注册个人独资企业还是个体工商户，都仅仅是打通了注册的投资者个人与个人独资企业、个体工商户之间的财产通道，仅注册的投资者个人的收入可以核定征收，其他人是不能够享受核定征收待遇的。如果真的这样做了，就涉嫌偷税。

图 2-3　涉嫌偷税的核定征收示例

《中华人民共和国个人独资企业法》第二条规定："本

法所称个人独资企业，是指依照本法在中国境内设立，由一个自然人投资，财产为投资人个人所有，投资人以其个人财产对企业债务承担无限责任的经营实体。"

《民法典》第五十四条规定："自然人从事工商业经营，经依法登记，为个体工商户。个体工商户可以起字号。"第五十六条规定："个体工商户的债务，个人经营的，以个人财产承担；家庭经营的，以家庭财产承担；无法区分的，以家庭财产承担。"

因此，要考虑这种税务筹划的人士，一定要用自己的身份证注册登记个体工商户或者个人独资企业。在这方面，不能搞"代持"，只能亲力亲为。

2."税收洼地"的核定征收

税款征收政策在全国各地并非完全一致，尤其是个人所得税这种归入地方财政的税种。所谓"税收洼地"，就是指特定的区域，在此区域的企业通过国家政策来享受税收优惠，从而降低企业税负。

然而，对于特定地区的税收优惠，我们不能仅听取当地招商部门的口头介绍或者所谓的一事一议，而是要找到税收优惠的法律依据。

（1）享受地域性税收优惠

对于有明确法律依据的地域性税收优惠，筹划得当会是一个不错的选择。例如，西部大开发政策、海南自由贸易港税收优惠政策、上海自由贸易试验区税收优惠政策等。对于这些有明确依据的税收优惠，企业可以在满足条件后充分享受。

除了税收上的优惠，地方政府出于招商引资的需要，还会出台地方性的资助政策。例如，2022年1月29日，上海市浦东新区科技和经济委员会与上海市浦东新区财政局发布了《浦东新区"十四五"期间促进小微企业创新创业财政扶持办法》。

应当注意的是，这些资助政策与税收并不是一回事，其不能改变税率，而只能改变实际税负率。例如，纳税人缴纳了 20% 的税款，地方财政资助 5 万元，客观上降低了财务负担，因为施行的是收支两条线，所以和税款的足额缴纳之间并不冲突。对于纳税人来说，这种地方政府的资助可能力度不是很大，但从依法纳税的角度来讲，享受这种资助政策无疑是一种安全的税务筹划方式。

（2）注意政策的限制条件

【案例 2-3】2020 年，某海外上市公司负责人到海南考察，想要在海南自由贸易港设立公司。其主要诉求是，境外的上市公司实施了股权激励，部分中国核心员工准备行权，对于即将到手的高额回报，担心税负会很高，因此希望享受海南自由贸易港针对个人所得税出台的优惠政策。

从法律层面来分析，上述企业如此税务筹划存在一定的风险。

根据《财政部 税务总局关于海南自由贸易港高端紧缺人才个人所得税政策的通知》（财税〔2020〕32 号），对在海南自由贸易港工作的高端人才和紧缺人才，其个人所得税实际税负超过 15% 的部分，予以免征。但有一个很重要的限制条件，所得必须"来源于海南自由贸易港"。那么，在国外即将转让权益资产的居民个人，是不是在海南自由贸易港缴足社保就可以享受"个人所得税实际税负超过 15% 的部分，予以免征"的待遇呢？如果这样解读，就错了！

根据《财政部 税务总局关于境外所得有关个人所得税政策的公告》（财政部 税务总局公告 2020 年第 3 号），原则上，转让对中国境外企业以及其他组织投资形成的股票、股权以及其他权益性资产或者在中国境外转让其他财产取得的所得，属于来源于中国境外的所得。

因此，对于即将转让海外上市公司股票的居民个人，即使在海南自由贸易港缴纳了社保，并被认定为高端人才，也无法享受"个人所得税实际税负超过 15% 的部分，予以免征"的待遇。

3. 发挥个人独资企业与个体工商户的转换作用

在商事活动中，以自然人个人名义开展活动较为少见，人们往往会以商事组织的名义开展活动。公司、合伙企业、个人独资企业、个体工商户，都是可供选择的商业组织形式。这些商业组织形式的存在，使得自然人作为投资者与其投入的财产之间发生了不同程度的分离。但与此同时，这种商事化的趋势也为个人所得税的税务筹划创造了可能。

《财政部 税务总局关于继续执行企业事业单位改制重组有关契税政策的公告》（财政部 税务总局公告 2021 年第 17 号）第六条规定："同一投资主体内部所属企业之间土地、房屋权属的划转，包括母公司与其全资子公司之间，同一公司所属全资子公司之间，同一自然人与其设立的个人独资企业、一人有限公司之间土地、房屋权属的划转，免征契税。"

《财政部 国家税务总局关于企业以售后回租方式进行融资等有关契税政策的通知》（财税〔2012〕82 号）第六

条规定："个体工商户的经营者将其个人名下的房屋、土地权属转移至个体工商户名下，或个体工商户将其名下的房屋、土地权属转回原经营者个人名下，免征契税。合伙企业的合伙人将其名下的房屋、土地权属转移至合伙企业名下，或合伙企业将其名下的房屋、土地权属转回原合伙人名下，免征契税。"

这些税收政策的规定，使得个人在财产转让方面存在一定的筹划空间。例如，个人如果直接出售房产，需要根据20%财产转让所得固定税率缴纳个人所得税，但如果先将房产投入自己设立的个人独资企业或者个体工商户，然后再行出售，则有可能获得核定征税的待遇。同时，以个体工商户的名义出售房产，现阶段还有特殊的税收优惠政策。

《财政部 国家税务总局关于实施小微企业和个体工商户所得税优惠政策的公告（财政部 税务总局公告2021年第12号）》第二条规定："对个体工商户年应纳税所得额不超过100万元的部分，在现行优惠政策基础上，减半征收个人所得税。"

4. 通过承诺函降低股改当中的个人所得税

在一些涉及个人所得税的商业活动中，商业活动的参与者可能就应否纳税提出质疑，一般会出现以下三种做法：

第一种，直接就不交了；

第二种，全部缴纳；

第三种，依据先例向税务机关备案，提交补缴税款的承诺函。

《国家税务总局关于个人非货币性资产投资有关个人所得税征管问题的公告》（国家税务总局公告 2015 年第 20 号）第八条规定："纳税人非货币性资产投资需要分期缴纳个人所得税的，应于取得被投资企业股权之日的次月 15 日内，自行制定缴税计划并向主管税务机关报送《非货币性资产投资分期缴纳个人所得税备案表》、纳税人身份证明、投资协议、非货币性资产评估价格证明材料、能够证明非货币性资产原值及合理税费的相关资料。"

综合来看，我认为第三种做法是比较稳健的。第一种做法后续面临税务处罚甚至刑事处罚的风险；第二种做法可能会导致多缴纳税款；第三种做法可以极大降低税务处罚与刑事处罚的风险，最不利的后果就是补缴税款。

例如，对资本公积转增股本是否需要缴纳个人所得税的问题，一直存在争议，实操当中，有些未实际缴纳税款的发行人，会通过承诺函的方式来解决问题。

【案例 2-4】2021 年 7 月 30 日，Y 科技股份有限公司在相关资料中披露，2020 年 12 月，其资本公积 2.64 亿元转增股本，不涉及个人所得税。

2020 年 12 月 25 日，公司以资本公积转增股本的方式向全体股东每 1 股转增 2.758 390 股。本次转增完成后，公司总股本增至 360 000 000 股。

2020 年 12 月 30 日，根据审计机构确认，截至 2020 年 12 月 25 日止，发行人已将资本公积 264 214 286 元转增股本，变更后的注册资本为 360 000 000 元，累计实收资本（股本）360 000 000 元。

这个案例中，根据发行人出具的说明，发行人所在地税务局可适用《国家税务总局关于股份制企业转增股本和派发红股征免个人所得税的通知》，股份制企业用资本公积金转增股本不属于股息、红利性质的分配，对个人取得的转增股本数额，不作为个人所得，不征收个人所得税。因此，该公司本次资本公积转增股本不涉及缴纳个人所得税。

针对本次资本公积转增股本所涉纳税事项，发行人及实际控制人已承诺"如未来相关税务部门要求公司员工持股平台之合伙人补缴本次资本公积转增股本之个人所得税，将督促该等合伙人补缴税款并督促员工持股平台履行代扣代缴义务"。

对于这种有公开先例可循的做法，其他纳税人可以参考借鉴。企业税务筹划切忌闭门造车、无中生有制造争议。另外，企业还必须在分析检索资料的基础上，与主管税务机关充分沟通，并主动向税务机关提交承诺函。

从法律上来讲，这一操作具有重要意义。因为纳税人做到了公开透明，可以排除偷税的主观故意，后续不会被认定为偷税。

5. 通过非交易过户享受上市公司股票免税待遇

一些企业的高管或者核心员工，为了能够分享企业股改上市的红利，通常会成立合伙企业持股。但一些自然人直接持股的税收优惠政策，在自然人通过合伙企业间接持股时反而不能享受了。例如，交易上市公司二级市场股票免征个人所得税、个人持有上市公司股票获得的股息、红利收入施行差异化个人所得税政策等。

随着各地核定征收政策的收紧，这方面的税务筹划问题越来越受到重视。

【案例 2-5】张某、李某、王某都是 A 企业高管，企业因为效益好，准备改制后上市。为了实现个人利益的最大化，同时为了加强投资人之间的相互约束，避免控制权旁落，三人在"税收洼地"设立了合伙企业。当时的所得可以核定征收，不管是有限合伙转让公司股票，还是有限合伙以股东身份从公司获得分红，在分配给三个合伙人时，个人所得税均按照生产经营所得核定征收，税率为 4%。

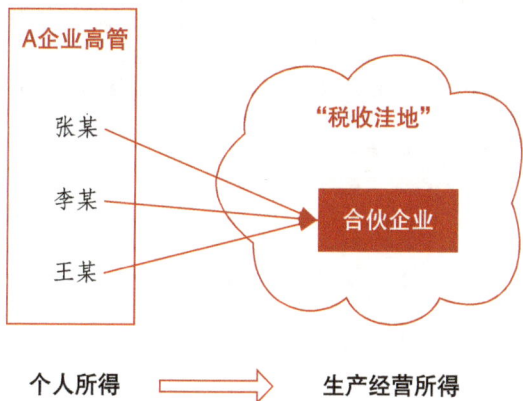

但是，随着核定征收受到的限制越来越严格，尤其是持股平台类的企业，受到的限制越来越多。在后来不能核定征收的情况下，三个自然人的税负情况发生了极大的变化。具体如下所述。

（1）合伙企业转让上市公司股票所得，转为适用5%～35%的个人所得税税率，因为获利巨大，基本上都适用35%的税率。

（2）合伙企业从上市公司取得的分红所得，根据《国家税务总局〈关于个人独资企业和合伙企业投资者征收个人所得税的规定〉执行口径的通知》（国税函〔2001〕84号）："个人独资企业和合伙企业对外投资分回的利息或者股息、红利，不并入企业的收入，而应单独作为投资者个人取得的利息、股息、红利所得，按'利息、股息、红利所得'应税项目计算缴纳个人所得税。以合伙企业名义对外投资分回利息或者股息、红利的，应按《通知》所附规定的第五条精神确定各个投资者的利息、股息、红利所得，分别按'利息、股息、红利所得'应税项目计算缴纳个人所得税。"个人所得税税率为20%。

（注：上述《通知》为《财政部 国家税务总局关于印发〈关于个人独资企业和合伙企业投资者征收个人所得税的规定〉的通知》。）

可以看出，因为无法继续核定征收，该案例中的三个人通过合伙企业间接持有上市公司股票，与直接持有上市公司股票相比，反而造成了个人所得税税负的增加。那么，在这种情况下，应该如何降低个人所得税税负呢？从上市公司公告披露的税务处理方案来看，非交易过户可以享受免税待遇。

【案例2-6】上市公司公告：2021年9月15日，成都坤恒顺维科技股份有限公司在首发上市申请文件审核问询函的回复中披露，公司在新三板挂牌期间为了享受未分配利润及资本公积转增股本的税收优惠，公司的合伙企业股东在解散时将股票非交易过户到自然人合伙人，变自然人间接持股为直接持股。其认为非交易过户不属于股权转让，无需缴纳个人所得税，主管税务机关已出具清税证明。

这一上市公司的公告表明，非交易过户是解决自然人合伙企业个人所得税税负问题的一种办法。合伙企业自然人合伙人通过非交易过户，可以实现从间接持股到直接持股的转变，从而享受股票交易中增值税的免税政策，同时还适用股息、红利差异化税收政策，持有股票一年以上的自然人股东免征个人所得税。

在资本交易中，总会有些没有标准答案的纳税问题，不同的人对于应税还是不应税存在不同的看法。这种情况下，我建议大家多关注上市公司的案例，在没有产生法律后果的基础上，将其税务处理方案作为参考。另外，多关注上市公司的涉税公报，了解上市公司相关的案例，对于企业做好税务筹划有一定帮助。

6. 做好税务备案，用好延期纳税与分期纳税政策

一般来说，税务筹划的目的通常有两个：一个是降低应纳税额，另一个是延缓缴纳税款的时间。前面和大家分享的，主要集中在如何降低应纳税额的问题上，下面重点分析如何延缓缴纳税款的时间。

延缓个人所得税缴纳税款时间的政策主要分为两类：一类是递延纳税，另一类是分期纳税。在这两类政策中有一个共性的问题，就是纳税人必须做好税务备案。税务备案这个看上去例行公事的举动，如果没有做到，就可能使税务筹划前功尽弃。

（1）递延纳税

【案例 2-7】2021 年 4 月 21 日，浙江 W 化工股份有限公司首次公开发行股票招股说明书（申报稿）（预披露），披露了 2019 年 3 月第三次股权转让情况。基本情况为：2019 年 3 月，为向甲某开展股权激励，公司控股股东 Y 投资公司将其

持有的 W 化工股份有限公司 6.70% 的股权（出资额 670 万元、公允价值 3 262.9 万元）以 1 元的价格转让给甲某。本次股权转让经 Y 投资公司股东会审议通过。

2019 年 3 月 26 日，当地市场监督管理局对本次股权转让进行了核准登记。

国家税务总局当地税务局税务所对甲某的股权激励事项进行了备案，并出具了《非上市公司股权激励个人所得税递延纳税备案表》。

《关于发布〈股权转让所得个人所得税管理办法（试行）〉的公告》（国家税务总局公告 2014 年第 67 号）第二十条规定，"具有下列情形之一的，扣缴义务人、纳税人应当依法在次月 15 日内向主管税务机关申报纳税：

（一）受让方已支付或部分支付股权转让价款的；

（二）股权转让协议已签订生效的；

（三）受让方已经实际履行股东职责或者享

受股东权益的；

（四）国家有关部门判决、登记或公告生效的；

（五）本办法第三条第四至第七项行为已完成的；

（六）税务机关认定的其他有证据表明股权已发生转移的情形。"

由此可以看出，如果没有递延纳税备案，甲某2019年应当就取得股权公允价值与取得股权成本之间的差额3 261.9万元（税率20%）缴纳个人所得税，税款为652.38万元。甲某在提交《非上市公司股权激励个人所得税递延纳税备案表》后，将缴纳个人所得税的时间推迟到了转让股权之时。何时转让就何时纳税，不转让就不纳税。这样操作的依据是《财政部 国家税务总局关于完善股权激励和技术入股有关所得税政策的通知》（财税〔2016〕101号）。

该通知规定，对符合条件的非上市公司股票期权、股权期权、限制性股票和股权奖励实行递延纳税政策。非上市公司授予本公司员工的股票期权、股权期权、限制性股票和股权奖励，符合规定条件的，经向主管税务机关备案，可实行递延纳税政策，即员工在取得股权激励时可暂不纳税，递延至转让该股权时纳税；股权转让时，按照股权转让收入减除股权取得成本及合理税费后的差额，适用"财产转让所得"项目，按照20%的税率计算缴纳个人所得税。

（2）分期纳税

【案例2-8】江苏M电力股份有限公司在2020年年度报告中披露：马某于2017年4月20日填报《非货币性资产投资分期缴纳个人所得税备案表》，当地税务局已对其分期缴纳个人所得税事项进行了备案，计划缴税金额约为3 893万元，自2016年起分5年缴清，每期计划纳税金额分别为665.84元、46.90万元、30万元、46万元、3 770万元。

马某签署承诺函，内容为：

"本人承诺将按照备案的《非货币性资产投

资分期缴纳个人所得税备案表》按期缴纳税款，并承担未履行纳税义务的一切责任。本承诺函自签署之日起正式生效并不可变更或撤销。如因本人违反上述承诺而导致江苏 M 电力股份有限公司的利益及其他股东权益受到损害，本人同意承担相应的损害赔偿责任。"

这个案例中，马某对个人所得税的处理，就充分享受了分期纳税政策。《财政部 国家税务总局关于个人非货币性资产投资有关个人所得税政策的通知》（财税〔2015〕41 号）第三条规定："个人应在发生上述应税行为的次月 15 日内向主管税务机关申报纳税。纳税人一次性缴税有困难的，可合理确定分期缴纳计划并报主管税务机关备案后，自发生上述应税行为之日起不超过 5 个公历年度内（含）分期缴纳个人所得税。"

与递延纳税相同，分期纳税有一个很重要的前提条件，就是纳税人必须在规定的期限内进行税务备案。如果在规定的期限内没有备案，就可能无法享受分期纳税的优惠政策。

三、相关法律风险

1. 代持风险

所谓代持，是指一个人具有所有权的财产或者权利，并不登记在该人名下，而是登记在其他人的名下。例如，张某受身份限制，无法出面经商办企业，于是以母亲的名义对外出资，登记为公司的股东。张某是实际股东，张某母亲是名义股东。代持的原因有很多，从个人所得税的角度来看，不管代持的目的是什么，都将产生巨大的税务风险。

简单来说，不管实际的权利人是谁，税务机关仅根据名义所有人来确定纳税义务人。这样一来，即使该名义所有人实际上并未取得个人所得，个人所得税税款也会聚集在名义所有人身上。

【案例 2-9】某年，被告人袁某甲以 A 石矿有限公司负责人胡某的名义出资 108.3 万元获得该公司 8.46% 的股份。其中，吴某以袁某甲的名义出资 40 万元，占股 3.125%；袁某乙以袁某甲的名义出资 48.3 万元，占股 3.773%；王某以袁某甲的名义出资 15 万元，占股 1.172%；袁某甲出资 5 万元，占股 0.391%。第二年 3 月，袁某甲通过与 A 石矿有限公司负责人胡某以股权转让的方式，出资 489.78 万元获得该公司 18.14% 的股权。其中，吴某以袁某甲的名义出资 27 万元，占股 1%；袁某乙以袁某甲的名义出资 412.78 万元，占股 15.288%；袁某甲出资 50 万元，占股 1.852%。通过两次出资，袁某甲共获得 A 石矿有限公司 26.6% 的股份，后 A 石矿有限公司更名为 B 矿业有限公司。

之后，袁某甲与陈某达成股权转让协议，约定将 B 矿业有限公司整体作价人民币 4 300 万元，袁某甲将所持 B 矿业有限公司的 26.6% 的股权转让给陈某，但双方实际是以 B 矿业有限公司整体作价 4 500 万元履行该协议。袁某甲获得陈某股权转让款 1 197 万元后，按吴某、袁某乙、王某各自所占股份比例，分别支付了三人股权转让款，其中给吴某的股权转让款未支付到位。最终，袁某甲自己获得股权转让款100.89万元。

袁某甲在收到陈某最后一笔股权转让款后，通过不申报纳税的手段逃避缴纳个人所得税120万元。当地税务稽查局先后向其送达《税务事项通知书》催告、《税务处理决定书》催缴，袁某甲均未在限期内补缴应纳税款及滞纳金。之后当地税务稽查局向其送达《税务行政处罚决定书》，袁某甲拒不接受行政处罚。案发后，袁某甲主动投案，并补缴了全部应纳个人所得税税款120万元。

关于被告人袁某甲及其辩护人提出的隐名股东吴某、袁某乙、王某按其各自所持股份获得的股权转让款，不应由袁某甲承担纳税义务的意见。经审查，袁某甲投资入股B矿业有限公司，其名下确实存在隐名股东，且隐名股东也获得了相应的转让款，但袁某甲作为该公司的注册股东、法定代表人，其在转让股权的过程中，发生的股权转让所得，属于法定的纳税义务人。而吴某等隐名股东与袁某甲之间是民事法律关系，袁某甲不能依此关系对抗依法作为纳税人的义务，即隐名股东不是法定的纳税义务人。因此，对于被告人袁某甲及其辩护人提出的被告人袁某甲不承担隐名股东吴某等三人股权转让款的纳税义务的辩护意见，于法无据，法院未予采纳。

后经法院审判，被告人袁某甲犯逃税罪，判处有期徒刑二年六个月，并处罚金人民币四万元。

本案中，代持人袁某甲实际持股比例仅为 2.243%，但最后逃税金额则是按照 26.6% 的名义持股比例认定的，尽管法院已经查清了代持情况，也已经确认袁某甲向三位隐名股东支付了股权转让款，但逃税罪依然成立。

2. 出借个人账户收款的法律风险

实务中，针对个人所得税的处理，有些人会采用一种

"化整为零"的方法，即通过其他个人获取所得，已达到免交或少交个人所得税的目的。这种做法具有危害性，它已经超出了税务筹划的范畴，一定要引起重视。

例如，企业高管收入很高，为了降低高管的个人所得税，企业将高管的收入进行拆分，打入多个低收入员工的账户。低收入员工在款项到账后，再将超过自己正常工资收入的部分转给高管。这样，企业高管就等于违法使用了低收入员工的年度扣除额度，隐瞒了自己的实际收入。企业高管的这种行为已构成偷税。

这种情况下，低收入员工同样面临巨大的法律风险。一方面，低收入员工收入虚高，可能导致自己的个人所得税税负增加；另一方面，这种做法还有可能使出借账户的低收入员工面临犯罪指控，如逃税罪的共犯，洗钱罪，掩饰、隐瞒犯罪所得、犯罪所得收益罪，侵占罪等。

尤其是对于出借自己银行卡账户用于收款的员工来说，其可能会承担非常严重的法律后果。即使账上帮别人转 100 元钱，也有可能构成洗钱罪。

【案例 2-10】江西某法院曾一审认定，被告人王某替他人过账 133 元，犯洗钱罪，拘役四个月。

案件经过为：被告人王某和方某、吴某三人因从事违法活动被行政拘留，被告人王某期满释放后，在吴某的授意下，通过手机登录吴某的支付宝和微信账号，将资金 133 元转入自己微信钱包内。

法院认为，被告人王某明知吴某的钱为违法所得，仍通过支付宝和微信方式将资金转移，其行为已构成洗钱罪，公诉机关指控的罪名成立。

除了洗钱罪，出借个人账户收款还可能涉及职务侵占。 例如，企业把高管的钱打给低收入员工后，时过境迁，随着管理层的更迭，后续的管理层在审计中可能会发现，低收入员工获取收入没有依据，涉嫌侵占企业财产。为了与前任管理层划清界限，现任的管理层就有可能选择刑事报案，从而形成现实的刑事风险。

3. 无住所个人的税务处理风险

具体到个人所得税这个税种上，外资企业是税务咨询机构的主要服务对象。外资企业派遣员工来华工作之前，总是希望先了解中国的税法是如何规定的，如何才能降低外籍员工的个人所得税税负。这是一个复杂的问题。如今，我国与诸多国家签署了双边或者多边的税收协定，外资企业要想做好税务筹划，必须结合特定的税收协定进行。而税收协定多是外文翻译过来的，通常读起来晦涩难懂，这就让外资企业的税务筹划存在一些问题，尤其在"无住所个人"方面出现的问题较多。

【案例 2-11】某外资企业为了避税，外籍员工会采取轮岗的方式，同一个项目当中分批派遣工程师来华工作，在临近 183 天时撤回原有的工程师，另外换一批工程师来，以为这样就可以避免工程师被认定为中国税法上的居民个人，工程师的所得就不需要在中国缴纳个人所得税了。但实际上，这一操作忽略了常设机构的问题。

根据国家税务总局关于印发《〈中华人民共和国政府和新加坡共和国政府关于对所得避免双重征税和防止偷漏税的协定〉及议定书条文解释》的通知（国税发〔2010〕75号）第一条："我国对外所签协定有关条款规定与中新协定条款规定内容一致的，中新协定条文解释规定同样适用于其他协定相同条款的解释及执行。"下面以我国和新加坡的税收协定为例进行说明。

《〈中华人民共和国政府和新加坡共和国政府关于对所得避免双重征税和防止偷漏税的协定〉及议定书条文解释》第十五条中有如下规定：

"（三）该项报酬由雇主设在中国的常设机构或固定基地所负担。如果新加坡个人被派驻到新加坡企业设在中国的常设机构工作，或新加坡企业派其雇员及其雇用的其他人员在中国已构成常设机构的承包工程或服务项目中工作，这些人员不论其在中国工作时间长短，也不论其工资薪金在何处支付，都应认为其在中国的常设机构工作期间的所得是由常设机构负担。但本规定不应适用于被总部临时派往常设机构视察、检查或临时提供协助的人员及活动。"

据此，在案例 2-11 中，虽然该外资企业的每批外籍工程师在中国工作的时间均不足 183 天，但由于这些工程师是基于同样的一个项目来华开展工作，因此在认定常设机构时，这些工程师的在华时间是连续计算的，累积起来超过 183 天，就有可能构成国际税收协定中的常设机构。一旦构成常设机构，不论每批员工在华工作时间长短，均应当在中国缴纳个人所得税。

第三章

企业所得税
合规与筹划

企业所得税筹划是一门"量体裁衣"的学问。

企业所得税是针对企业的应纳税所得部分征税，企业在经营过程中，只有存在应纳税所得，才负有缴纳企业所得税的义务。因企业规模、所处行业、所处地域的不同，企业所得税的征收会存在差异，这为税务筹划提供了可能。

一、企业所得税的计税方式

企业所得税是除增值税之外的另一大税种，也是一个非常复杂的税种，对企业经营活动和收益分配的影响较大。

1. 计税方式简述

企业所得税是一种直接税，即同样的销售额，最终缴纳多少税，每个企业的情况是不同的。例如，同样是销售了 100 万元的产品，但甲企业有 120 万元可以税前扣除，乙企业只有 80 万元可以税前扣除，则甲企业不缴纳企业所得税，而乙企业需要缴纳企业所得税。通俗来讲，企业所得税是一个比较个性化的税种，是否缴税，需要根据企业各自的情况做出判断。这一点与增值税有所不同。增值税在计税过程中是不考虑企业盈亏情况的。

企业所得税原则上施行年度汇算清缴、按月或者按季度预缴的征收方式。总体来说，就是一个做减法的过程。企业以年度为单位，先确定每年的销售总额，然后减去成本、费用、亏损之后，确定应纳税所得额，最后再乘以所适用的企业所得税税率，就可以计算出企业所得税的应纳税额。

2. 适用优惠税率的条件

企业所得税的基本税率为 25%。但是，对符合税收优惠条件的企业，企业所得税适用优惠税率，如以下几类企业。

（1）按照行业来划分，经过认定的高新技术企业可以适用 15% 的税率。

（2）按照地域来划分，下列企业可以适用 15% 的税率：西部地区鼓励类产业企业；注册在海南自由贸易港并实质性运营的鼓励类产业企业；在中国（上海）自由贸易试验区临港新片区内从事集成电路、人工智能、生物医药、民用航空等关键领域核心环节相关产品（技术）业务，并开展实质性生产或研发活动的符合条件的法人企业。

（3）按照纳税人的类型来划分，小型微利企业可以适用 20% 的税率。

企业要适用上述优惠税率，必须符合税收优惠政策的条件。现行的模式是，"自行判断、申报享受，相关资料留存备查"。是否符合税收优惠政策的条件，由企业自行判断，但若判断错了，后续就有可能受到税务机关的稽查。

二、企业所得税的税务筹划

企业可以通过以下几种方式对企业所得税进行税务筹划，如图 3-1 所示。

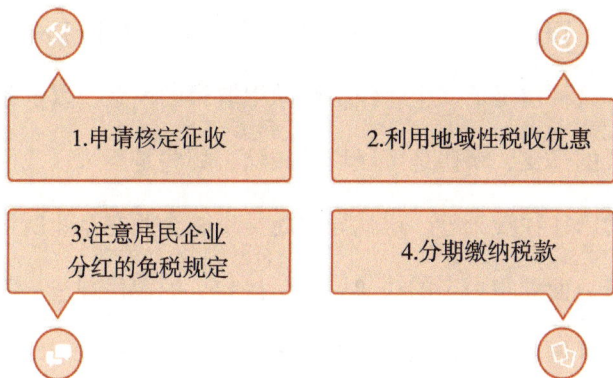

| 1.申请核定征收 | 2.利用地域性税收优惠 |
| 3.注意居民企业分红的免税规定 | 4.分期缴纳税款 |

图 3-1　企业所得税的税务筹划方式

1. 申请核定征收

核定征收是指由税务机关根据纳税人情况，在正常生产经营条件下，对其生产的应税产品查实核定产量和销售额，然后依照税法规定的税率征收税款的一种征税方式。企业所得税的核定征收包括核定所得税率和核定企业所得税税额两种方式。如果企业规模比较小，会计核算也不太健全，那么可以申请核定征收。例如，小微企业出于节约财务成本的考虑，可以向税务机关申请核定征收。

实务中，有些小微企业是通过记账公司来进行财务处理的，而记账公司可能每个星期甚至每个月只来一趟企业，这种情况下，企业经营活动中取得的发票，以及各种无票的开支，哪些是可以税前扣除，哪些是不可以税前扣除的，往往没人管。这就导致此类小微企业在企业所得税稽查方面面临一定的法律风险。例如，我曾代理过一起涉及虚开增值税普通发票的刑事案件，被告人通过网络购买了一些生产原料，但却无法取得发票，只有购买的交易快照和物流信息等，最后其花钱购买了增值税普通发票交给记账公司。后来，因为销售发票的公司东窗事发，包括被告人在内的所有购买发票的企业都被公安机关顺藤摸瓜展开调查。

其实，这种有实际经营却拿不到发票的情况在实务中还是存在的，但企业绝对不能购买假发票。对于小微企业来说，申请企业所得税核定征收是一个较好的选择，即由主管税务机关确定固定的税率或者税额，每年按规定缴纳税款即可。

申请企业所得税核定征收，除了能够解决发票管理方面的问题，也能避免因为收款不规范而引发的风险。

小微企业多由个体经营者创办，其中，有些小微企业的经营管理很不规范。例如，客户打过来的货款，有些会进入企业的对公账户，而有些则进入了经营者或业务经办人个人的微信账户。这种公账私账混同的做法，具有极大的偷税风险。为了便于大家理解，下面将几个税种放在一起进行讲解。

（1）企业所得税风险

例如，李某开了一家饭馆，但却把营业款打到了李某的个人账户上，那么饭馆的营业额将无法完全体现出来，在税法上就属于隐瞒了企业的收入。这种情况下，李某承担的税务责任是非常大的，并不是私账上多记了 200 万元，公账上少记了 200 万元，最后补齐这 200 万元的税款就可以了。

根据《国家税务总局关于落实支持小型微利企业和个体工商户发展所得税优惠政策有关事项的公告》（国家税务总局公告 2021 年第 8 号）的规定，自 2021 年 1 月 1 日至 2022 年 12 月 31 日，对小型微利企业年应纳税所得额不超过 100 万元的部分，减按 12.5% 计入应纳税所得额，按 20% 的税率缴纳企业所得税。

公账上多记 200 万元，李某的饭馆可能就不符合小型微利企业的标准，享受的应纳税所得额计算与税率的优惠都会被取消，会出现应纳税所得额从 12.5% 恢复到 100%、税率从 20% 提高到 25% 的情况。

（2）增值税风险

公账私账混同，同样会导致增值税风险。《财政部 税务总局关于明确增值税小规模纳税人免征增值税政策的公告》（财政部 税务总局公告 2021 年第 11 号）规定："自 2021 年 4 月 1 日至 2022 年 12 月 31 日，对月销售额 15 万元以下（含本数）的增值税小规模纳税人，免征增值税。"

2022 年 3 月 24 日，《财政部 税务总局关于对增值税小规模纳税人免征增值税的公告》（财政部 税务总局公告 2022 年第 15 号）发布，规定"自 2022 年 4 月 1 日至 2022 年 12 月 31 日，增值税小规模纳税人适用 3% 征收率的应税销售收入，免征增值税；适用 3% 预征率的预缴增值税项目，暂停预缴增值税"。

因此，公账私账混同被查实后，企业需要补缴增值税。如果企业查实的年销售额超过了 500 万元，还会产生更为严重的后果。企业等于是符合了一般纳税人的标准而没有进行申报，错误享受了小规模纳税人的待遇。依据国家税务总局的规定，作为惩罚手段，企业应当按照查实的销售金额，依据对应的增值税税率缴纳增值税，且不得做进项扣除。

（3）个人所得税风险

一旦进入税务稽查，公账私账只要有钱进来，就一定要有一个承担责任的主体，或者是针对企业所得征收企业所得税，或者是针对个人所得征收个人所得税。例如，当税务稽查局发现某企业存在公账私账混同的情况后，如果企业辩解所有私账上的款项都是个人收入，那么后果有以下两个。

第一，税务稽查局相信了纳税人（企业）的说法，这时"锅"就由个人银行卡的持卡人来背。既然是个人所得，接下来就可能演变为个人所得税稽查。

第二，税务稽查局不相信纳税人的说法，坚持将私账上的所得认定为企业所得，因为公账私账是一笔糊涂账，税务稽查局难以分清。这种情况下，税务稽查局会分别对企业所得税和个人所得税进行核定征收。这种两头核定征收的方式，总数可能会超出企业应当缴纳的税额。

因此，企业在提交情况说明时，一定要客观、如实地向税务稽查局陈述，切莫心存侥幸，以为糊涂账可以少交税。

（4）滞纳金风险

税务稽查中一旦被查实补税，企业需要缴纳日万分之五的滞纳金。这是什么概念呢？就是每隔六年左右，滞纳金就会累计为应当补缴的税款本金，而且上不封顶。如果被认定为逃税，那么追税也是没有期限限制的。例如，一个 10 余年前的逃税案件，当时逃税的金额若是 100 万元，滞纳金可能就要补 200 多万元。

对于公账私账混同，税法上的风险大致就是以上四点。除了税法上的责任，还有一个更为严重的风险要引起重视。公账私账不分，是《中华人民共和国公司法》（以下简称《公司法》）中法人格否认的重要认定标准之一。如果债权人获悉债务人存在这样的税务违规行为，就可以利用法人格否认，穿透债务企业转而追究股东或实际控制人的法律责任。

所谓公司的法人格，是指公司作为独立的民事主体，独立享有民事权利、承担民事责任，公司的财产与责任均独立于公司的股东。但当公司的股东滥用法人格时，如股东随意支配公司财产用于个人消费，则法人格就可能被否定，公司股东要对公司的债务承担连带责任。

《公司法》第二十条规定："公司股东应当遵守法律、行政法规和公司章程，依法行使股东权利，不得滥用股东权利损害公司或者其他股东的利益；不得滥用公司法人独立地位和股东有限责任损害公司债权人的利益。

公司股东滥用股东权利给公司或者其他股东造成损失的，应当依法承担赔偿责任。

公司股东滥用公司法人独立地位和股东有限责任，逃避债务，严重损害公司债权人利益的，应当对公司债务承担连带责任。"

企业若能争取到核定征收的待遇，就不会出现上述偷税的风险。因为所有的税款都是核定的，税务机关一般不会再去关注企业的具体收入情况，除非企业申报的情况与实际情况出现显著的差异。

但应注意的是，企业在享受核定征收为发票管理带来便捷的同时，也丧失了一些享受其他税收优惠的权利。

例如，根据《国家税务总局关于技术转让所得减免企业所得税有关问题的通知》（国税函〔2009〕212号）："享受技术转让所得减免企业所得税优惠的企业，应单独计算技术转让所得，并合理分摊企业的期间费用，没有单独计算的，不得享受技术转让所得企业所得税优惠。"由于核定征收企业不符合这些条件，因此不能享受技术转让所得的税收优惠。

再例如，根据《财政部 国家税务总局 科技部关于完善研究开发费用税前加计扣除政策的通知》（财税〔2015〕119号），企业研发费用税前加计扣除适用于会计核算健全、实行查账征收并能够准确归集研发费用的居民企业。因此，施行核定征收的企业无法享受加计扣除的优惠。

另外，一些特定的收入也无法适用核定征收。根据《国家税务总局关于企业所得税核定征收有关问题的公告》（国家税务总局公告2012年第27号）："依法按核定应税所得率方式核定征收企业所得税的企业，取得的转让股权（股票）收入等转让财产收入，应全额计入应税收入额，按照主营项目（业务）确定适用的应税所得率计算征税；若主营项目（业务）发生变化，应在当年汇算清缴时，按照变化后的主营项目（业务）重新确定适用的应税所得率计算征税。"也就是说，如果企业的主要收入来源是（股权）股票转让所得，那么核定征收这条路是走不通的。

2. 利用地域性税收优惠

如同其他税种，在企业所得税筹划中，企业开设在哪里，也是一个需要考虑的重要因素。相同的业务，在哪里交税，可能最终会对实际的税负产生重要的影响。

针对企业所得税的地域筹划，有些优惠是有着明确的法律法规或者政策依据的。对于这些有着明确依据的税收优惠，企业在税务筹划过程中须严格按照要求去做。

例如，同样是创投企业，根据最新的财税政策，注册在上海浦东新区符合条件的公司型创投企业是可以免企业所得税的，依据是《财政部 税务总局 发展改革委 证监会关于上海市浦东新区特定区域公司型创业投资企业有关企业所得税试点政策的通知》（财税〔2021〕53号）（以下简称《通知》）。

《通知》明确规定，对上海市浦东新区特定区域内公司型创业投资企业，转让持有3年以上股权的所得占年度股权转让所得总额的比例超过50%的，按照年末个人股东持股比例减半征收当年企业所得税；转让持有5年以上股权的所得占年度股权转让所得总额的比例超过50%的，按照年末个人股东持股比例免征当年企业所得税。

符合《通知》规定的企业，企业所得税可以依法减免。在企业所得税免税的情况下，创投企业在向个人股东分红时，只需要代扣代缴 20% 的个人所得税。

总之，企业要想充分享受税收优惠，应熟悉全国各地的相关政策与规定。例如，同样是创投企业，根据上述《通知》的规定，投资人需要把企业设立在上海浦东自由贸易区，企业类型要选择公司，要依法办理创业投资企业的备案，持股期限要达到《通知》的要求等。

另外，我们要特别注意一点，企业的迁移是非常麻烦的，无论是从税务机关的手续交接还是从所需的基建来看都是如此。因此，企业纯粹出于税务考量而迁移需要慎重。其中主要原因在于，在招商引资的过程中，各地的税收优惠更多是采取"一事一议"的政策。所谓"一事一议"，就是当面洽谈，每个企业条件不同，最后得到的税收优惠可能也不同。这就要求企业在投资之前做好调查工作，并实时关注各地税收政策的变化。

3. 注意居民企业分红的免税规定

同为所得税，企业所得税与个人所得税相比，有一个很大的特点，即企业所得税具有缓税功能。

企业这个载体为企业所得税的筹划提供了很多机会，根据《中华人民共和国企业所得税法》（以下简称《企业所得税法》）的规定，符合条件的居民企业之间的股息、红利等权益性投资收益，为企业的免税收入。实务当中，有些企业会在这条规定的基础上进行税务筹划。

【案例3-1】薛某计划投资1 000万元，他有以下两种选择：

（1）直接以个人名义对外投资；

（2）先投资设立一人有限公司，然后以一人有限公司的名义对外投资。

经过认真思考，薛某选择了（2）。

假定被投资的公司效益很好，一次性分红100万元。在选择（1）的情况下，自收到被投资公司的分红时起，薛某即产生了个人所得税的纳税义务；在选择（2）的情况下，一人有限公司取得分红时是不需要缴纳企业所得税的，但一人有限公司向薛某分红时，薛某仍然负有缴纳个人所得税的义务。既然最终都要缴纳个人所得税，薛某如此选择的好处在哪里呢？

针对这个案例，我们做出如下分析。

第一，延缓纳税。对于薛某来说，分红如果能够先分配到设立的一人有限公司，居民企业之间的分红所得，可以一直放在一人有限公司账户。这样一来，薛某就有时间去考虑如何合法合规地进行税务筹划了。

第二，在企业所得税免税的同时不分红，从而免于缴纳个人所得税。由于一人有限公司是薛某个人独资，百分之百控股，因此一人有限公司完全由薛某掌控。在这种情况下，薛某如果不分红，而是以一人有限公司的名义对外交易，将税负始终控制在企业的层面上，就不涉及个人所得税。

具体的税务筹划思路如图 3-2 所示。

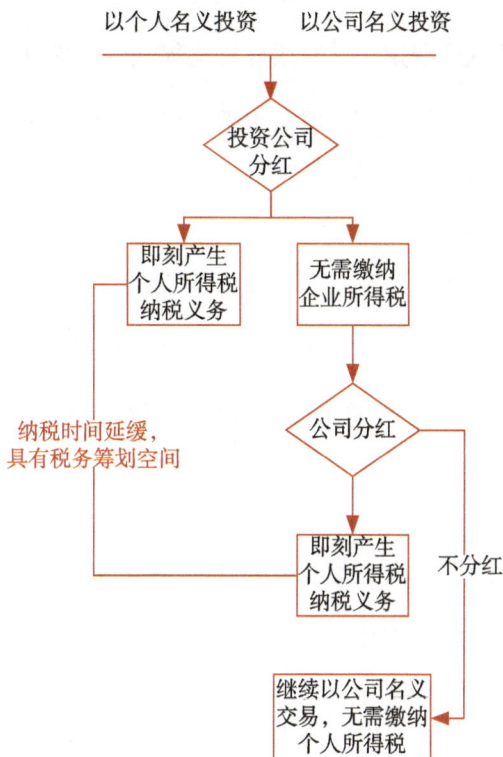

图 3-2　居民企业分红的税务筹划思路

4. 分期缴纳税款

税务筹划的目的不应当仅限于不交税或者少交税，在税款金额较大的情况下，如果可以分期缴纳税款、延长缴纳税款的期限，对于降低企业财务压力也是非常有帮助的。在企业所得税中，有很多关于分期纳税的规定，企业应当了解这些规定，同时用好这些规定。如果事先没有做好筹划，待税款交完再回过头来向税务机关申请退税，就会非常被动。

下面通过一个跨年度收取租金的真实案例，来讲解分期纳税的适用规定。此处仅针对企业所得税的分期纳税筹划进行分析，与增值税或者个人所得税等其他的税种无关。

【案例 3-2】原告 R 投资管理有限公司诉称：原告 R 投资管理有限公司系某火车站前某路段地下人防工程的投资开发人，该人防工程的产权属于国家。该人防工程于 20×× 年 12 月 28 日开

始营业，原告于当年与租赁户签订了 603 份商铺
经营使用权转让合同，原告当时一次性收取了 40
年的租金收入，并于次年 1 月一次性缴纳企业所
得税 1.93 亿元。但在缴纳税款后，原告又后悔
了，因为在确认租金收入缴纳企业所得税时，可
以分 40 年均匀计入相应年度收入。由于当地税
务机关对已经收取的税款不同意退税，因此原告
便把税务机关告上了法庭。然而，原告打了几年
的官司，最后还是没有达到分期纳税的目的。

这个案例中原告的问题主要出在对税收政策了解得太
晚。早一点进行税务筹划，企业分期缴纳企业所得税的目
的是可以合法实现的。

根据《中华人民共和国企业所得税法实施条例》（以
下简称《企业所得税法实施条例》）第十九条的规定，企
业提供固定资产、包装物或者其他有形资产的使用权取得
的租金收入，应按交易合同或协议规定的承租人应付租金
的日期确认收入的实现。其中，如果交易合同或协议中规

定租赁期限跨年度，且租金提前一次性支付的，根据《企业所得税法实施条例》第九条规定的收入与费用配比原则，出租人可对上述已确认的收入，在租赁期内，分期均匀计入相关年度收入。

案例 3-2 中的原告如果能够事前做好税务筹划，完全可以依据上述规定将 1.93 亿元的企业所得税分摊到 40 年缴纳，每年只需要缴纳不到 500 万元的企业所得税。但该企业没有这样做，而是一次性缴纳了所有税款。税款缴纳之后还能分摊吗？当然不行。因为根据规定，纳税人既可以分期纳税，也可以一次性纳税。国家给了纳税人选择的权利，但这种权利的行使期限是有限制的，即必须在缴纳税款之前行使，而且只有一次选择的机会。如果已经选择了一次性缴纳税款，那么纳税人事后是没有反悔机会的。

以案为鉴，前人没有做好的筹划，都是我们在税务筹划中应当吸取的教训。在取得跨年度的租金收入之前，纳税人就应该想清楚选择分期纳税对自己来说是否划算。对于绝大多数企业来说，税款当然是交得越晚越好，但对于前期存在巨额亏损的企业来说，分期缴纳企业所得税则未必是好事。针对案例3-2，假如R投资管理有限公司在取得40年租金收入之前，就已经存在巨额亏损，那么其选择一次性确认收入更加划算。因为取得的收入在扣除亏损的金额之后，如企业的应纳税所得为零甚至为负数，则根本不需要缴纳企业所得税，这当然比分期缴纳企业所得税更加有利。同时，根据法律规定，企业税前扣除亏损是有期限限制的，通常为五年。因此，对于已经存在巨额亏损的企业来说，尽快一次性确认取得的收入，是非常有必要的。

最后，需要提醒大家的是，分期缴纳企业所得税的筹划方式一定要对号入座，必须严格遵守法律法规及相关政策的规定，即所取得的收入必须是租金收入，租赁期限必须跨年度，并且租金必须是提前一次性收取的。只有同时满足上述三个条件，才能享受企业所得税分期缴纳政策。例如，某人开了一家果木烤鸭店，通过充值的方式预收5 000元，充值顾客每次消费可以享受八折优惠，有效期为五年。在这五年当中，企业所得税可以分期缴纳吗？当然不可以。类似的情况还有很多，如健身房一次性收取的健身费用、主题公园一次性收取的年票费用等，均不适用企业所得税分期缴纳政策。

三、相关法律风险

企业所得税涉及的相关法律风险如图 3-3 所示。

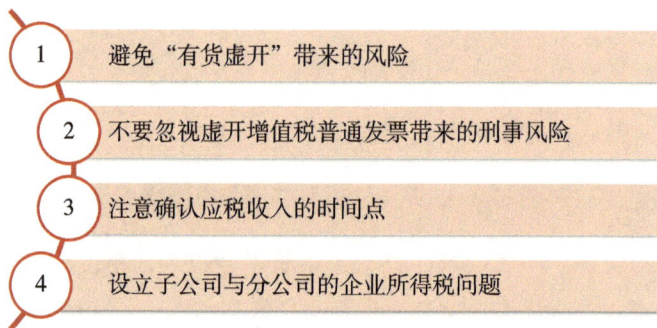

1　避免"有货虚开"带来的风险

2　不要忽视虚开增值税普通发票带来的刑事风险

3　注意确认应税收入的时间点

4　设立子公司与分公司的企业所得税问题

图 3-3　企业所得税涉及的相关法律风险

1. 避免"有货虚开"带来的风险

企业所得税筹划常见的问题是，有些企业忽视了发票的合规性。在企业经济活动中，发票扮演着重要的角色，它是实现各种税务筹划的载体。在税务筹划中，如果企业忽视了发票的合规性，就可能导致整个税务筹划丧失可行性。

关于发票的使用，很多人存在误区，觉得发票只是张纸，需要了开一张或者找人代开一张就可以了。在我遇到的跨国公司案例中，有一些财务人员认为，只要企业发生了真实的交易，只要有发票就可以做账，至于谁开的发票并不重要。这种对发票的误解就会在实操中造成"有货虚开"并在企业所得税税前扣除的问题。

"有货虚开"是纳税人在虚开增值税专用发票案件中经常提出的抗辩理由。纳税人抗辩的基本思路是，"有货虚开"虽然不符合三流一致的要求，但是交易是真实的，虚开的行为并未造成国家税款的损失，因此不应视为税收违法或犯罪处理。这种抗辩是否有效呢？下面我们结合具体的案例，从行政责任和刑事责任两个方面进行分析。

（1）行政责任

【案例3-3】2021年9月14日，重庆J能源股份有限公司（以下简称J公司）发布公告称，因陈某团队为公司提供了居间服务，公司根据陈某团队提供的信息向上海G文化传播有限公司（以下简称G公司）支付了款项并取得了其开具的发票。

地方税务稽查局经调查认定，J公司在未直接与G公司发生经济业务往来的情况下，取得了陈某提供的11份G公司虚开的增值税普通发票，J公司知道或应该知道陈某非G公司人员，因此违反了《中华人民共和国发票管理办法》（以下简称《发票管理办法》）第二十四条"任何单位和个人应当按照发票管理规定使用发票，不得有下列行为：（二）知道或者应当知道是私自印制、伪造、变造、非法取得或者废止的发票而受让、开具、存放、携带、邮寄、运输"的规定。根据《发票管理办法》第三十九条第二款的规定，地方税务稽查局对 J 公司接受虚开 11 份增值税普通发票的行为处罚款 40 000 元。

从行政责任来看，"有货虚开"的抗辩在税务行政处理和税务行政处罚中没有任何实际意义。《国家税务总局关于加强增值税征收管理若干问题的通知》（国税发〔1995〕192 号）第一条第（三）项规定："购进货物或应税劳务支付货款、劳务费用的对象。纳税人购进货物或应税劳务，支付运输费用，所支付款项的单位，必须与开具抵扣凭证的销货单位、提供劳务的单位一致，才能够申报抵扣进项税额，否则不予抵扣。""有货虚开"直接违背了上述关于增值税发票"三流一致"的形式要求，因此无法得到税务机关的认同。根据我们对"北大法宝"（中国法律检索系统）和无讼案例的检索，未发现税务机关在税务处理或处罚中，因为"有货"而从轻处理或者处罚"有货虚开"的案例。

（2）刑事责任

从刑事责任来看，"有货虚开"存在不同的定罪与量刑结果，相关法律案件及判决结果如下所述。

①对"有货虚开"构成刑事犯罪的认定

【案例3-4】被告人费某受大庆市H运输有限公司经理刘某委托，为该公司购买大车轮胎。费某分别在两家汽配城购买了140只大车轮胎，但这两家汽配城均不能开具购买汽车轮胎的增值税专用发票。于是，费某便通过网络以价税合计6%的价格（1.4万元）购买了C公司增值税专用发票2份，交由H运输有限公司入账，价税合计人民币23.34万元。后经当地人民法院判决，被告人费某犯虚开增值税专用发票罪。

【案例3-5】山东省某地方法院曾审判一起虚开增值税专用发票案，被告单位与被告人分别为济宁市J物资贸易有限公司（以下简称J公司）、济宁市C商贸有限公司（以下简称C公司）、汶上县 B 物资贸易有限公司（以下简称 B 公司）、汶上县 R 商贸有限公司（以下简称 R 公司），以及孙某、郑某、李某、杨某。

法院认为，被告单位 J 公司、被告人李某在没有实际商品交易的情况下让他人为自己开具增值税专用发票；被告单位 B 公司、R 公司、C 公司虽然存在实际商品交易，但其接受的增值税专用发票并非交易对方单位开具的，而是由交易对方单位以外的其他单位代开的，被告人孙某积极联络开票方为受票方虚开增值税专用发票，被告人郑某主动联系开票公司为他人虚开增值税专用发票，被告人杨某按照公司负责人的安排为他人虚开增值税专用发票，其行为均已构成虚开增值税专用发票罪，且虚开的税款数额巨大，依法应予惩处。

②对"有货虚开"不构成刑事犯罪的认定

【案例 3-6】江苏省泰州市人民法院曾审理

一起虚开增值税专用发票上诉案，案件一审认定江苏Y硅材料科技有限公司（以下简称Y公司）、南京T材料科技有限公司（以下简称T公司）等犯虚开增值税专用发票、用于骗取出口退税、抵扣税款发票罪，杜某犯虚开增值税专用发票、用于骗取出口退税、抵扣税款发票罪及职务侵占罪。

经审理，江苏省泰州市人民法院二审认为，上诉人杜某让罗某经营的D公司和E公司为其负责的Y公司、T公司代开增值税专用发票的主要目的，是解决其公司向农户购买石英石无法开具增值税专用发票的问题，同时其公司实际向农户采购了与票面记载数量相同的石英石，货款也已按照票面的含税金额支付，故从全案情况来看，存在真实的货物交易。并且，现有证据不能证实上诉人杜某让原审被告人罗某为Y公司、T公司开具增值税专用发票的行为给国家税收造成了损失或破坏了国家税收征管秩序，因此上诉人杜某，原审被告单位 Y 公司、T 公司，原审被告人罗某均不构成虚开增值税专用发票罪。

综上可以看出，"有货虚开"的行政法律责任是明确的，而在刑事法律责任上，根据具体情况不同，"有货虚开"存在不同的定罪与量刑结果。但无论如何，"有货虚开"的法律风险是客观存在的，纳税人在交易中应当对这种风险保持足够的警惕。

2. 不要忽视虚开增值税普通发票带来的刑事风险

增值税普通发票通常不涉及增值税的抵扣，仅涉及企业所得税的税前扣除。

仅从《中华人民共和国刑法》（以下简称《刑法》）条文来看，虚开专票的刑期重于虚开普票，虚开增值税专用发票罪的最高刑是无期徒刑，虚开发票罪的最高刑是七年有期徒刑。

《刑法》第二百零五条规定："【虚开增值税专用发票、

用于骗取出口退税、抵扣税款发票罪；虚开发票罪】虚开增值税专用发票或者虚开用于骗取出口退税、抵扣税款的其他发票的，处三年以下有期徒刑或者拘役，并处二万元以上二十万元以下罚金；虚开的税款数额较大或者有其他严重情节的，处三年以上十年以下有期徒刑，并处五万元以上五十万元以下罚金；虚开的税款数额巨大或者有其他特别严重情节的，处十年以上有期徒刑或者无期徒刑，并处五万元以上五十万元以下罚金或者没收财产。

单位犯本条规定之罪的，对单位判处罚金，并对其直接负责的主管人员和其他直接责任人员，处三年以下有期徒刑或者拘役；虚开的税款数额较大或者有其他严重情节的，处三年以上十年以下有期徒刑；虚开的税款数额巨大或者有其他特别严重情节的，处十年以上有期徒刑或者无期徒刑。

虚开增值税专用发票或者虚开用于骗取出口退税、抵扣税款的其他发票，是指有为他人虚开、为自己虚开、让他人为自己虚开、介绍他人虚开行为之一的。"

第二百零五条之一规定："虚开本法第二百零五条规定以外的其他发票，情节严重的，处二年以下有期徒刑、拘役或者管制，并处罚金；情节特别严重的，处二年以上七年以下有期徒刑，并处罚金。

单位犯前款罪的，对单位判处罚金，并对其直接负责的主管人员和其他直接责任人员，依照前款的规定处罚。"

有人可能会认为，普通发票不进行抵扣，税务机关很难发现。但从司法实践来看，这是一种错觉。随着一系列司法政策的出台，同样是刑法规定的"虚开"两字，司法机关会有不同的解读。在虚开专票中，虚开被界定为目的犯和结果犯，仅仅有虚开的行为还不够，主观上还要有偷逃税款的故意，客观上必须造成国家税款的损失；而在虚开普票中，虚开被认定为是一种行为犯，主观上是否有偷逃税款的故意，客观上是否必须造成国家税款的损失，不是定罪的考虑因素。

【案例3-7】芜湖市中级人民法院曾审理一起汪某虚开发票的二审刑事案件，上诉人汪某在明知开票单位与受票单位无真实业务往来的情况下，让他人虚开增值税普通发票，金额为876 407

元，被原审法院认定为犯虚开发票罪。

汪某上诉及其辩护人提出：

（1）汪某没有虚开发票的故意，其是在国税局无法开票的情况下才找人虚开发票的，其没有骗取国家税款的主观故意；

（2）汪某没有侵犯税收征管制度，没有造成国家税款损失，不构成犯罪；

（3）汪某虚开发票的行为应参照《最高人民法院研究室〈关于如何认定以"挂靠"有关公司名义实施经营活动并让有关公司为自己虚开增值税专用发票行为的性质〉征求意见的复函》（以下简称《复函》）；

（4）原判量刑过重，请求二审法院依法改判。

对于汪某及其辩护人提出的其不构成虚开发票罪的相关上诉理由及辩护意见，二审法院经审理做出如下认定。

（1）本案无证据证实有挂靠行为的存在，并且《复函》所针对的罪名系虚开增值税专用发票罪。

（2）汪某虚开的是不具有抵扣税款功能的增值税普通发票，而非增值税专用发票，因此构成虚开发票罪，非虚开增值税专用发票罪。这两个罪名的构罪要件不同，不能基于《复函》而认为汪某虚开增值税普通发票的行为不构成虚开发票罪。

（3）汪某在明知开票单位与受票单位无真实业务往来的情况下，让他人虚开增值税普通发票，金额共计 876 407 元，情节严重，其行为已构成虚开发票罪，其主观上是否具有骗取国家税款的故意以及有无实际造成国家税收损失并不影响对本罪的认定。因此，对汪某的该项上诉理由及辩护意见不予采纳。

【案例 3-8】被告人朱某因购买虚开 38 份增值税普通发票（价税合计约 380 万元）被一审法院判定犯虚开发票罪。后朱某提出上诉。

在上诉过程中，被告人朱某的辩护人提出，

朱某主观上没有骗税、偷税的故意，客观上没有造成国家税收损失，不应认定朱某的行为系犯罪。

二审法院经审理认为，被告人朱某购买虚开的 38 份增值税普通发票，虽未用于公司平账后案发，但其购买虚开的增值税普通发票的目的，是用于公司平账冲抵企业核算成本，进而影响企业所得税税款的缴纳，因此不能认为没有造成国家税款的流失。并且，虚开发票罪是行为犯，是否具有骗取税款的目的和客观上是否造成税款损失，不是构成该罪的必要条件，不影响认定虚开发票罪。故辩护人的上述辩护意见缺乏事实和法律依据，不予采纳。

从上面的真实案件可以看出，虚开增值税普通发票与虚开增值税专用发票相比，同样风险巨大，稍有不慎，便有可能身陷囹圄。因此，无论是增值税专用发票还是增值税普通发票，或者其他类型的发票，企业均应当避免虚开，以免承担巨大的法律风险与法律后果。

3. 注意确认应税收入的时间点

我曾处理过一起税务行政复议案件，这起案件至今让我印象深刻，具体如下所述。

【案例 3-9】一个非常知名的汽车品牌，为了促销，推出了购车贴息的活动计划。例如，针对特定的车型，消费者在贷款买车的时候，可以享受不同程度的贴息优惠。如消费者购买一辆 100 万元的车，可以首付 20 万元，剩下的 80 万元由集团内部的汽车金融公司提供贷款。消费者可以选择在三年的时间内分期偿还贷款本金和利息。利息中的 8% 可以享受贴息待遇。也就是说，消费者的利息打了"92 折"。贷款利息本应由消费者来偿还，但因为贴息政策的推出，8% 的贴息由销售车辆的 4S 店在销售之后一次性支付给汽车金融公司，然后由汽车销售公司针对贴息部分给予 4S 店补偿。随后，汽车金融公司与汽车销售公司均受到税务稽查。

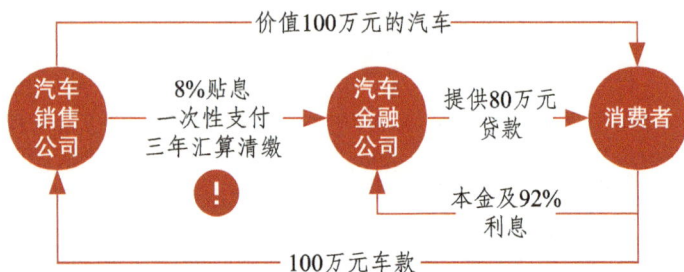

汽车销售公司 ——价值100万元的汽车——

8%贴息 一次性支付 三年汇算清缴
!

汽车金融公司 提供80万元贷款

消费者

本金及92%利息

100万元车款

这里重点分享一下汽车金融公司被税务稽查的情况，因为这个稽查与企业所得税直接相关。

汽车金融公司收到 4S 店一次性支付的 8% 的贴息后，并没有在收到贴息的当月一次性确认收入，在相应的年度内也没有于全部汇算清缴后纳税，而是按照与消费者签订的贷款合同的还款期限，将 8% 的贴息分摊到了 3 年，逐年汇算清缴并缴纳企业所得税。税务稽查局认为，企业确认收入的总额没有问题，但是确认收入的时间节点不符合要求，应当在收到 8% 贴息的当年即全部确认收入，缴纳企业所得税。经过调查，税务稽查局对汽车金融公司做出纳税调整的决定，调增企业所得税约 4 亿元，并征收滞纳金数千万元。

据了解，汽车金融公司之所以要采用贴息分摊确认所得的做法，是考虑到利息收入确认企业所得税的特殊规定。

《企业所得税法实施条例》第十八条规定："企业所得税法第六条第（五）项所称利息收入，是指企业将资金提供他人使用但不构成权益性投资，或者因他人占用本企业资金取得的收入，包括存款利息、贷款利息、债券利息、欠款利息等收入。利息收入，按照合同约定的债务人应付利息的日期确认收入的实现。"

通过这条规定可以看出，针对利息收入，企业所得税确认收入的时间是非常特别的，不在企业收到利息收入的日期，而在合同约定的债务人应付利息的日期。

在这起税务行政复议案件中，税企双方产生争议的关键点就在于由 4S 店代消费者垫付的 8% 贴息是否属于利息收入。经过大约两年多的争议，税企双方最终以调解结案。通过这起案件，希望大家注意，在企业所得税的税务筹划中，不仅要关注应纳税所得额，还要关注纳税日期。

4. 设立子公司与分公司的企业所得税问题

企业想通过设立子公司与分公司进行税务筹划，应重点关注企业所得税"落地"问题。

究竟是设立子公司节税还是设立分公司节税？这是税务筹划中经常被讨论的热门话题。然而，大家在讨论这个话题时，却总是忽视一个重要的问题，即除了节税，还有没有其他要考虑的因素呢？下面和大家分享一个分公司被停供发票的案例。这个案例说明，税务筹划不能只考虑是否节税的问题，还要兼顾其他税务行政法规。

【案例3-10】广东的某家二手车销售公司因为销售规模不断扩大，便在全国多地设立了分公司。该二手车销售公司认为，采取分公司的形式，既方便在当地的销售，又能够有效降低企业所得税税负。但没过多久，二手车销售公司设在多地的分公司就陆续收到了税务机关停供发票的通知。没有发票就导致二手车销售的生意没办法做了。各地分公司便纷纷起诉至法院，希望法院判决税务机关继续提供发票，但最终一审、二审均败诉。

这是一个真实的法律案件，下面以其中一家分公司（邵阳分公司）的上诉为例，对二审法院判决结果进行说明。二审法院经过审理认为：

《中华人民共和国发票管理办法》第十五条规定了主管税务机关根据领购单位和个人的经营范围和规模，确认领购发票的种类、数量以及领购方式。《二手车流通管理办法》第八条规定："二手车交易市场经营者、二手车经销企业和经纪机构应当具备企业法人条件，并依法到工商行政管理部门办理登记。"《国家税务总局关于统一二手车销售发票式样问题的通知》（国税函〔2005〕693号）第二条规定："《二手车发票》由以下用票人开具：（一）从事二手车交易的市场，包括二手车经纪机构和消费者个人之间二手车交易需要开具发票的，由二手车交易市场统一开具。（二）从事二手车交易活动的经销企业，包括从事二手车交易的汽车生产和销售企业。（三）从事二手车拍卖活动的拍卖公司。"《中华人民共和国公司登记管理条例》第四十五条规定："分公司是指公司在其住所以外设立的从事经营活动的机构。分公司不具有企业法人资格。"

本案中，上诉人在邵阳市工商行政管理局办理的工商登记名称是"东莞市××二手车交易市场有限公司邵阳分公司"，类型为有限责任公司分公司（自然人投资或控股），根据上诉人的工商登记情况，可以认定上诉人不具有企业法人资格。上诉人主体资格不符合《二手车流通管理办法》第八条规定的"二手车交易市场经营者、二手车经销企业和经纪机构应当具备企业法人条件"。被上诉人（当地税务机关）依据上述法律法规，参照规章给出的税务事项通知书事实清楚，适用法律正确；复议决定认定事实清楚、程序合法、适用法律正确。

综上，原审判决并无不当，上诉人二手车交

易市场邵阳分公司的上诉理由与事实不符，与法无据，本院不予采纳。原判认定事实清楚，适用法律、法规正确。据此，依照《中华人民共和国行政诉讼法》第八十九条第一款（一）项的规定，判决如下：驳回上诉，维持原判。

在这个案例中，企业可能就是基于节税的考量，在全国各地设立了大量的分公司，但最终却因分公司不符合领用二手车销售发票的条件而无法在当地开展业务。如果企业连业务都无法开展了，税务筹划中再去探讨设立分公司还是子公司又有什么意义呢？具体到二手车经营活动，企业要在全国各地开展业务实际上是没有选择的，只能在当地设立公司，而不能设立分公司。这就说明，税务筹划不仅要考虑节税，还应当兼顾发票申领等其他的税务管理法规。

第四章

增值税合规
与筹划

增值税筹划得当，可有效降
低商业活动的税收成本。

增值税是一个非常特殊的税种，它以增值税专用发票为纽带，将上游企业和下游企业紧密地"捆绑"在一起。上游企业的销项税额，就是下游企业的进项税额。为了保持这种抵扣链条的完整性，企业必须保证增值税专用发票合规，避免因为虚开增值税专用发票或者异常发票等受到税务处理或处罚。

一、增值税的计税方式

增值税属于流转税与间接税，而前面我们所讲的个人所得税与企业所得税都属于直接税。

1. 征收特点

通俗来讲，增值税不考虑纳税主体有无所得，只要发生了增值税应税行为，就应当缴纳增值税；而个人所得税和企业所得税都必须有应税所得才纳税。

例如，一家企业在经营活动中收取了 100 万元的增值税专用发票，开出了 110 万元的增值税专用发票，其实际的经营成本是 20 万元，则企业的经营活动实际上是亏损的。这种情况下，企业虽然不缴纳企业所得税，但必须缴纳增值税。

由此可知，增值税不考虑纳税人总体的经营活动，只要一开增值税专用发票，那么对应的经营活动应当缴纳的增值税就会清楚地分列在发票上。不管这项经营活动是赔钱还是赚钱，增值税纳税义务都因为纳税行为的发生而产生了。所以，做好增值税合规管理，核心在于对增值税应税行为是否发生及何时发生的把握。

2. 计税方式的选择

增值税的计征主要分为一般计税方式和简易计税方式。适用哪种计税方式，主要取决于纳税人的身份。在我国，纳税人身份在增值税上采取了一刀切的做法，或者属于小规模纳税人，或者属于一般纳税人，非此即彼。通常的标准是：年销售额达到或者超过 500 万元的企业为一般纳税人；年销售额未达到 500 万元的企业为小规模纳税人。除了企业，自然人不管生意做得多大，每年销售额有多少，都属于小规模纳税人。

一般纳税人适用一般计税方式，小规模纳税人适用简易计税方式。通俗来讲，一般计税方式是做减法，纳税人用当期销项税额减去当期进项税额，就是当期应当缴纳的增值税税额；简易计税方式是做乘法，当期销售额乘以征收率，就是当期应当缴纳的增值税。我国施行"以票管税"的增值税监管政策，凡是要抵扣，就必须提供符合要求的增值税专用发票。因此，一般计税方式与简易计税方式最直接的区别是，一般纳税人会经常为进项税发票不足以抵扣而苦恼，而小规模纳税人则不需要考虑进项税发票的问题。

二、增值税的税务筹划

企业可以通过以下几种方式对增值税进行税务筹划，如图 4-1 所示。

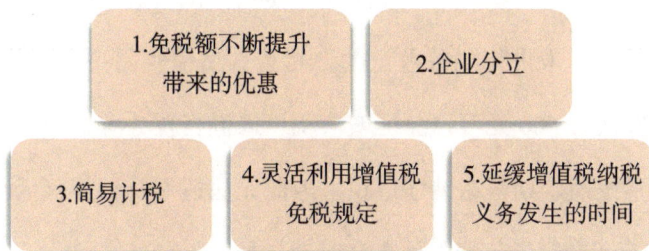

图 4-1 增值税的税务筹划方式

1. 免税额不断提升带来的优惠

增值税对销售额比较少的纳税人一直都有着"照顾性"的免税规定。随着免税额不断提升，免税政策也就具有了越来越大的税务筹划价值。《财政部 税务总局关于明确增值税小规模纳税人免征增值税政策的公告》（财政部税务总局公告 2021 年第 11 号）规定："自 2021 年 4 月 1 日至 2022 年 12 月 31 日，对月销售额 15 万元以下（含本数）的增值税小规模纳税人，免征增值税。"

此处蕴含以下两个重要的税务筹划思路。

（1）政策的适用对象

免税政策仅适用于按照固定期限计征增值税的小规模纳税人。未进行税务登记的自然人，增值税是按次征收，每次低于 500 元可以免征增值税。未进行税务登记的自然人不按固定期限缴纳增值税，因此无法适用月销售额低于 15 万元免征增值税的优惠政策。

【案例 4-1】王某从事个体运输，跑一次能收取 1 万元的运费，一个月能跑 10 次，月收入 10 万元。另外，其还有多余的房屋可以出租。这种情况下，王某是以个人名义进行经营，还是应该注册为个体工商户呢？

这个案例中，如果王某直接以个人名义跑运输，单次超过 500 元的，就要缴纳增值税。此时，王某可以考虑注册为个体工商户，或者办理临时的税务登记，这样就可以按月计征增值税，从而享受月销售额低于 15 万元免缴增值税的优惠政策。

然而，对于房屋出租的收入，王某可以用个人名义收取，因为国家税务总局对增值税免税政策的执行做出了进一步的细化规定。《国家税务总局关于小规模纳税人免征增值税征管问题的公告》（国家税务总局公告 2021 年第 5 号）第四条规定："《中华人民共和国增值税暂行条例实施细则》第九条所称的其他个人，采取一次性收取租金形式出租不动产取得的租金收入，可在对应的租赁期内平均分摊，分摊后的月租金收入未超过 15 万元的，免征增值税。"此处的其他个人，指的就是自然人。因此，从税务筹划的角度来看，对于租赁收入，还是直接以个人的名义收取比较划算。

总之，王某跑运输是不能享受收入分摊政策的，因此可考虑注册为个体工商户或者办理临时税务登记；但当王某出租房屋时，则可以作为其他个人，直接适用分摊收入免征增值税的规定。

【案例4-2】李某在上海投资比较早，买了一排商铺。某银行看上了李某的商铺，想要租用作为营业厅。2022年2月，该银行向李某一次性支付租金150万元。对于李某来说，其应该以何种身份签订合同收取租金呢？

这个案例中，如果李某选择直接签订租赁合同并收取租金，那么李某的身份属于"其他个人"，依据前述优惠政策，其可以将150万元分摊到12个月，每个月的平均租金不到15万元，无需缴纳增值税。

如果李某注册为个体工商户，则不再属于"其他个人"。此时，根据国家税务总局公告2021年第5号第一条："小规模纳税人发生增值税应税销售行为，合计月销售额未超过15万元（以1个季度为1个纳税期的，季度销售额未超过 45 万元，下同）的，免征增值税。"李某 2022 年 2 月一次性收取了 150 万元，则无论是按月还是按季度，都是无法享受增值税免税政策的。

（2）税款的适度调整

单从增值税免税的角度来看，我们一定要留意月销售额不要超过免税标准。例如，案例 4-1 中的王某若注册为个体工商户，每个月收入 10 万元，一直免缴增值税。但 10 月因为生意好，要多跑几趟运输，大概 16 趟，预计收入 16 万元。这种情况下，王某可以考虑 10 月少跑一趟，第 16 趟放在 11 月完成，这样就可以继续享受增值税免税的待遇。当然，在很多商业活动中，我们不可能仅从税务筹划的角度来做出判断。例如，王某若拒绝了客户当月跑第 16 趟的要求，可能以后就没有生意了。在这种情况下，我们还要从商业利益的整体通盘考虑，税务筹划只是其中的一个因素。

2. 企业分立

（1）分立小规模纳税人

根据《财政部 税务总局关于统一增值税小规模纳税人标准的通知》（财税〔2018〕33 号），从 2018 年 5 月 1 日起，增值税小规模纳税人标准为年应征增值税销售额 500 万元及以下。也就是说，无论是从事货物销售还是服务，一般纳税人与小规模纳税人的分水岭都界定在 500 万元的年应税销售额。因此有些年应税销售额刚刚超过 500 万元的企业，会通过分立的方式，将企业从一个纳税人分立为两个或以上小规模纳税人。

企业从一般纳税人分立为小规模纳税人，可以解决增值税专用发票的均衡抵扣和防范发票风险的问题。但这种方式必须顺势而为，主要应当考虑以下两个方面。

第一，企业的年应税销售额不能过大，分立的数量不能过多。例如，企业年应税销售额 1 亿元，能否分立成 20

个小规模纳税人呢？准确来说，金额越大分立的风险越高。企业所有的税务筹划动作都应具有正当的商业目的，要有客观量化的材料支持企业的做法。

此外，对年应税销售额远远超过 500 万元的企业来说，增值税进项发票可能已经不是突出问题。因为体量的原因，此类企业的客户基本上也都是增值税的一般纳税人，企业的业务活动完全绑定在一般纳税人抵扣的链条当中，一旦失去一般纳税人的身份，生意可能会很难做。因此，税务筹划需要企业做出全盘考虑，既要考虑税款，也要考虑商业环境。

第二，商业模式确定了分立的难易程度。企业在选择分立这种税务筹划方式时，一定要同时兼顾实质经营原则。实质经营原则要求企业所开具的发票必须具有真实的交易基础。这一点决定了有些类型的企业适合分立，而有些类型的企业则不适合。例如，有些从事教育在线服务的企业，就会采取这种方式，如在两个不同的城市设立小规模纳税人，并根据年应税销售额情况灵活分配业务量，将一个城市超出业务量的在线服务项目转由另一个城市的公司提供在线服务，然后由实际的在线服务公司开具发票。

一些必须要线下实体经营的行业，如餐馆、美容美发、健身房、影院等，则不适用这种分立方式。例如，投资者在A、B两个城市设立了两个小规模纳税人，从事餐饮经营。A市的餐饮公司生意爆棚，6月就已经接近年应税销售额500万元；B市的餐饮公司生意惨淡，6月只有10万元的销售额。这种情况下，绝对不可以A市的餐饮公司提供餐饮服务，但向消费者提供B市餐饮公司的发票，原因是B市的餐饮公司实质上未提供服务，因此不能开具发票。

（2）分立小微企业

基于同样的分立思路，企业不仅可以分立小规模纳税人，也可以分立小微企业，以适应不断变化的税收政策，最大程度享受税收优惠。小微企业的认定标准较为稳定，即从事国家非限制和禁止行业，且同时符合年度应纳税所得额不超过300万元、从业人数不超过300人、资产总额不超过 5 000 万元这三个条件的企业。小微企业的税收优惠政策经常变化，需要企业税务筹划人员结合筹划当时的最新税收政策判定。

3. 简易计税

在实务中，有些企业会通过改变计税方式来达到降低税负的目的。在相同的交易条件下，根据税务法规的规定，有时只要相应地做一些调整，就可以达到这样的目的。

例如，建筑行业常见的"甲供材"。建筑行业因为其行业特点，有些经济业务存在获取进项税发票比较难的情况。建筑企业所购买的沙子、石子，所临时招募的人员，实践中有时难以获取增值税专用发票用于抵扣。也正因为这个原因，在营业税改征增值税的文件中，特意留下了一些建筑企业可以采取简易计税的特殊规定，常见的是"甲供材"可以简易计税的规定。

《财政部 国家税务总局关于全面推开营业税改征增值

税试点的通知》（财税〔2016〕36号）附件2《营业税改征增值税试点有关事项的规定》第一条第七款第二项规定："一般纳税人为甲供工程提供的建筑服务，可以选择适用简易计税方法计税。甲供工程，是指全部或部分设备、材料、动力由工程发包方自行采购的建筑工程。"

【案例4-3】王氏建筑公司接到了一个工程，为张氏实业公司盖一幢办公楼。王氏建筑公司与张氏实业公司均为一般纳税人。王氏建筑公司应向张氏实业公司开出2亿元（不含税）的增值税专用发票，但只能取得1亿元（不含税）的增值税专用发票。

如果按照增值税一般计税方式，王氏建筑公司需要就1亿元的差额缴纳增值税，税率为9%，也就是要缴纳900万元的增值税。王氏建筑公司觉得税负太高了，与企业真实的交易情况严重不符。其虽然只取得了1亿元的增值税专用发票，但实际的建筑成本远高于1亿元，主要原因在于，向其销售沙子、石子等建筑材料的均为个人，他们无力或者不愿意向王氏建筑公司开具或者代开增值税专用发票。从真实的成本核算来看，王氏建筑公司税前的实际利润只有 800 万元，如果按照一般计税方式缴纳 900 万元税款，那么王氏建筑公司可能还要亏损 100 万元。这该怎么办？王氏建筑公司如何解决取得的增值税专用发票与实际经营成本不匹配的问题呢？

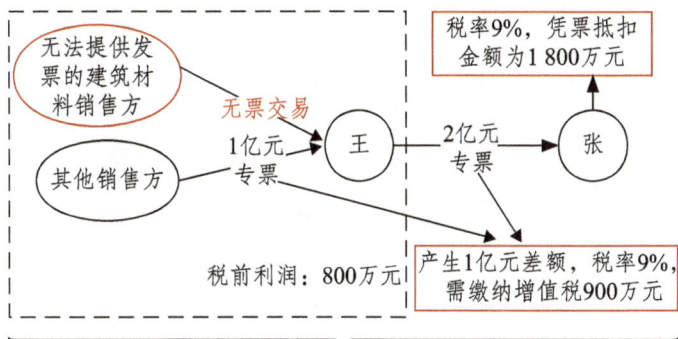

在增值税一般计税方式下：
王氏建筑公司亏损100万元，张氏实业公司凭票抵扣1 800万元。

王氏建筑公司可以考虑采取"甲供材"的税务筹划方式，即在不改变其一般纳税人资格的情况下，针对为张氏实业公司所盖的楼，合法采用简易计税方式。转变为简易计税后，王氏建筑公司就可以按照 3% 的征收率计征增值税，税款金额为 600 万元。这样一来，与一般计税方式相比，王氏建筑公司就可以节省增值税税款 300 万元。

具体的做法是，王氏建筑公司不再采购工程所需的全部材料，而是改为由张氏实业公司作为工程发包方直接提供部分设备、材料、动力。例如，张氏实业公司作为发包方提供图纸、发电机或者水泥，均可以满足"甲供材"税务筹划的要求。对于甲供材在整个工程中所占的比例，目前的税务政策并未做出明确的要求。

对于建筑企业来说，甲供材的税务筹划门槛较低，只要有需要，就容易达到税收政策所要求的条件。但这种税务筹划的问题在于，需要建筑企业和发包方达成一致意见。因为建筑企业从一般计税方式改为简易计税，影响的不仅仅是建筑企业自身的税务处理，也同时会对发包方的税务处理产生影响。最直接的体现是，一旦建筑企业改为简易计税，就不能再开具税率为 9% 的增值税专用发票，而只能开具征收率为 3% 的增值税专用发票，案例中的张氏实业公司可以凭票抵扣的金额将从 1 800 万元降为 600 万元。

可以看出，这种税务筹划并不是一个双赢的解决方式，建筑企业的节税可能是建立在发包方税负增加的基础之上的。因此，此类税务筹划能否进行，需要建筑企业与发包方就开票的方式事先达成一致意见。否则，在甲方占有强势地位的建筑市场，建筑企业如果"一意孤行"改为简易计税，那么可能会失去生意，更谈不上税务筹划了。

4. 灵活利用增值税免税规定

增值税免税并不见得对所有企业都是好事。增值税免税待遇不是强制性的，企业可以自主选择。一旦选择享受增值税免税待遇，企业在抵扣增值税专用发票时就会受到限制，用于免税项目的增值税专用发票不得抵扣，已经抵扣的必须转出。如何灵活利用增值税免税规定，需要结合企业的具体情况来判断。

【案例 4-4】在一个娱乐行业的税务管理研讨会上，有家公司的负责人提出了这样一个问题："电影发行放映服务免征增值税，若影片盈利，进项税全额转出没有问题；但若影片亏损，进项税是按实现的发行收入同比转出，还是也要全额转出？有没有什么好的筹划思路？"

该公司的具体情况是，其投入 1 亿元拍了一部电影，这 1 亿元中包括购置摄影器材花费的 5 000 万元。公司在购置摄影器材并取得发票后进行了抵扣。现在电影要上映了，电影发行取得收入免征增值税，因此拍摄电影时取得的与发行收入有关的增值税专用发票不得抵扣，已经抵扣的均应当做进项转出。

该公司的问题是，如果电影热卖，能够创造票房奇迹，5 000 万元专用发票转出当然没问题；倘若票房惨淡，如只有 100 万元的票房收入，也要做进项转出吗？按照增值税税率 13% 来计算，

5 000 万元专用发票转出就意味着该公司要缴纳650 万元的税款。

电影行业是一个很有特色的行业，电影上映后，叫好不叫座的情况并不鲜见，因此该公司的顾虑还是很有道理的。那么，如何解决这一问题呢？以下建议可供参考。

第一，将摄影器材同时用于免税项目与应税项目。

该公司可以拓宽摄影器材的用途，除了用于增值税免税项目，摄影器材也可以用于增值税应税项目，这样就可以依法不做进项转出了。

《中华人民共和国增值税暂行条例实施细则》（以下简称《增值税暂行条例实施细则》）第二十一条规定："条例第十条第（一）项所称购进货物，不包括既用于增值税应税项目（不含免征增值税项目）也用于非增值税应税项目、免征增值税（以下简称免税）项目、集体福利或者个人消费的固定资产。前款所称固定资产，是指使用期限超过 12 个月的机器、机械、运输工具以及其他与生产经营有关的设备、工具、器具等。"

通过事先的税务筹划安排，企业的税务处理即可以符合上述要求。例如，企业除了拍摄电影取得免税收入，还可以拍摄婚宴喜庆视频、拍摄广告或者将摄影器材出租，这些都可以取得增值税应税收入。这些应税收入的金额并不重要，只要是真实发生的就可以。因为从《增值税暂行条例实施细则》第二十一条的规定来看，对应税收入与免税收入的比例并未做出明确的要求，只要摄影器材不是单纯用于免税收入，就可以依法抵扣。

第二，放弃免税待遇。

《增值税暂行条例实施细则》第三十六条规定："纳税人销售货物或者应税劳务适用免税规定的，可以放弃免税，依照条例的规定缴纳增值税。放弃免税后，36 个月内不得再申请免税。"如前所述，增值税免税是自选动作，而不是规定动作，企业有权利决定是否保留免税待遇。唯一的限制是，企业不能随意改变主意，一旦选定不免税，这个选择至少要保持 36 个月不变。

例如，案例 4-4 中的公司在电影上映之后，如果票房不佳，完全可以选择放弃免税的待遇。对于 100 万元的票房收入，企业可以按照应税收入缴纳增值税。这样一来，之前已经抵扣的 650 万元增值税就不需要再转出。但是，若该公司确定放弃免税之后影片的票房又神奇地好了起来，那也只能继续缴纳增值税，36 个月内不得改变。

5. 延缓增值税纳税义务发生的时间

增值税纳税义务发生的时间很特别，需要同时考虑以下三个时间节点：

（1）开票时间；

（2）合同约定的付款时间；

（3）实际的付款时间。

在这三个时间节点中，满足任何一个都会导致增值税纳税义务的发生。因此，纳税人把握好开票时间、合同约定的付款时间和实际的付款时间，对于控制增值税纳税义务的发生时间，具有重要的作用。具体来说，实践当中要注意以下两个问题。

第一，关于增值税专用发票开具时间延后的问题。

例如，在销售过程中，销售方和购买方往往对增值税专用发票的开具存在着不同的要求。购买方总是希望销售方越早开具增值税专用发票越好，即使自己还没有支付货款也希望能够提前拿到发票，这样可以早点用于增值税税款的抵扣，以便降低税负；而对于销售方来说，则是希望越晚开出增值税专用发票越好，最好等到购买方支付全款后再开具。因为一旦开出增值税专用发票，不管销售方能否取得货款，从开票的当月起，销售方的增值税纳税义务就发生了。当然，在商业活动中，何时开具增值税专用发票，更多取决于双方的商业地位。双方处于平等谈判地位时，可以通过增值税专用发票的开具时间来调整自身的税负。

此前网络上有传言称"先开票后付款"就是虚开增值税专用发票，这实际上是一种误导。对于增值税专用发票的开具时间，税法只是规定应当于纳税行为发生之时开具，但是并不禁止提前开票，只要交易本身是真实的，税法也不限制增值税专用发票的开具时间必须要在付款之后或者销售方发货之后，先付款还是先开票，完全取决于当事人之间的约定。

另外，购买方取得增值税专用发票后就可以申请抵扣，并非收到货物后才能抵扣。这也是大家在实际操作过程中经常产生疑问的地方。

第二，注意合同约定的付款时间。

同样是在购销合同中，即使销售方没有开具发票，购买方也没有付款，但只要双方约定了付款时间，如约定2022年3月3日付款，那么在2022年3月3日，销售方的增值税纳税义务就发生了。这对于交易的双方来说，可能都会觉得很奇怪，生意还没做，只是签了一份合同，增值税纳税义务怎么就发生了呢？针对这种情况，其实有一个很简单的解决方案，就是在合同约定的付款时间到期之前，通过补充协议的方式将约定的付款时间向后推迟，这样，就不会出现生意还没做就要缴纳增值税的情况了。

三、相关法律风险

增值税涉及的相关法律风险如图 4-2 所示。

1.对虚开增值税专用发票的认定	2.留意异常凭证	3.对虚开判定标准的认识
4.虚开引发的个税风险	5.伴生风险	6.整改不当带来的增值税风险

图 4-2 增值税涉及的相关法律风险

1. 对虚开增值税专用发票的认定

我国对增值税专用发票的管控非常严格，仅有真实的交易而没有符合规定的增值税专用发票，是不可以进行增值税抵扣的。基于这种原因，一些企业为了取得增值税专用发票而进行了各式各样的操作，也因此产生了虚开增值税专用发票的风险。

增值税专用发票虚开与否的判断标准主要在于两方面：形式与实质。形式与实质中任何一方面出现问题，都可能会被认定为虚开。

（1）从形式上看

从形式上看，增值税专用发票的开票必须符合"三流一致"的要求。《国家税务总局关于加强增值税征收管理若干问题的通知》（国税发〔1995〕192号）第一条第（三）项规定："纳税人购进货物或应税劳务，支付运输费用，所支付款项的单位，必须与开具抵扣凭证的销货单位、提供劳务的单位一致，才能够申报抵扣进项税额，否则不予抵扣。"

时至今日二十多年过去了，国税发〔1995〕192号文件的大部分内容已被废止，但上述第一条第（三）项规定却仍然有效，这是税务机关判定增值税专用发票虚开与否的重要依据。

"三流一致"是税务机关判定增值税专用发票虚开与否的形式要求，即一笔交易中，货物或者服务、资金及发票必须发生在签订合同的双方当事人之间，且货物或者服务流、资金流与发票流之间必须保持一致。而纳税人不符合"三流一致"的开票行为，存在着巨大的税务稽查风险。

在商业环境允许的情况下，纳税人要在交易中满足"三流一致"的要求，避免指示交付、代位权或者抵销等导致货物流、资金流出现形式异常的交易方式，否则即使交易是真实的，也有可能引发虚开增值税专用发票的税务稽查。

（2）从实质上看

从实质上看，开票方与受票方之间应当具有真实的交易。仅仅形式上符合"三流一致"的要求，还不能排除虚开增值税专用发票的认定，纳税人必须能够证明开票方与受票方之间存在真实的交易。这种真实的交易，实践中又可以细分为两个层次：一是客观上存在货物或者服务的流动；二是货物或者服务的流动不以逃税作为唯一或者主要目的。这就要求纳税人在交易之前，必须对交易的实质做出论证。通俗来讲，就是本企业为什么要介入某笔交易、自身能够得到什么经济利益、交易对方能够得到什么经济利益。如果到了税务稽查时，纳税人还不能对交易的经济实质做出合理的解释，那么被认定为虚开增值税专用发票的可能性会显著增加。

2. 留意异常凭证

取得虚开的增值税专用发票或者被认定为异常凭证的增值税专用发票，一直都是一个让经营者头痛的问题。

《国家税务总局关于异常增值税扣税凭证管理等有关事项的公告》（国家税务总局公告 2019 年第 38 号）第二条规定，"增值税一般纳税人申报抵扣异常凭证，同时符合下列情形的，其对应开具的增值税专用发票列入异常凭证范围：（一）异常凭证进项税额累计占同期全部增值税专用发票进项税额 70%（含）以上的；（二）异常凭证进项税额累计超过 5 万元的。"第三条规定，"增值税一般纳税人取得的增值税专用发票列入异常凭证范围的，应按照以下规定处理：（一）尚未申报抵扣增值税进项税额的，暂不允许抵扣。已经申报抵扣增值税进项税额的，除另有规定外，一律作进项税额转出处理……"

举例来讲，甲公司购买了乙公司的货物，乙公司交付了货物，并开具了发票，甲公司支付了货款。甲乙两个公司之间的交易一切正常，没有任何问题。但是，如果乙公司的货物是向丙公司采购的，丙公司开具给乙公司的发票是有问题的，那么稽查机关有可能将乙公司向甲公司开具的发票也认定为异常凭证。这种情况下，甲公司必须将已经抵扣的税款做进项转出，补缴增值税税款。大家可以看到，在整个交易过程中，甲公司其实是完全合规的，并没有违反任何规定，乙公司如何取得发票完全超出了甲公司的控制范围，但根据现行的税法规定及增值税"以票管税"的执法传统，甲公司仍然需要承担税法责任，具体如图 4-3 所示。

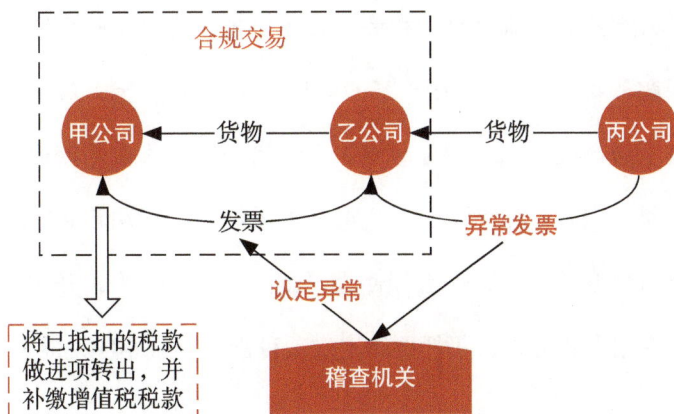

图 4-3　来自上游企业的异常发票风险

3. 对虚开判定标准的认识

（1）主观上是否具有虚开的故意，仅仅影响刑事责任的认定，对于行政责任的认定并无影响

即使纳税人主观上是善意的，仍有可能被税务机关定性为虚开增值税专用发票。不同的是，如果税务机关认定纳税人系善意虚开增值税专用发票，则根据《国家税务总局关于纳税人善意取得虚开的增值税专用发票处理问题的通知》（国税发〔2000〕187号）及《国家税务总局关于纳税人善意取得虚开增值税专用发票已抵扣税款加收滞纳金问题的批复》（国税函〔2007〕1240号）的规定，对纳税人不做行政处罚、不征收滞纳金并给予纳税人重新获取增值税专用发票用于抵扣的机会。如果纳税人无法重新获得增值税专用发票，那么即使是善意的，也会作为虚开增值税专用发票处理，仍然要转出进项税额，补缴相应税款。

（2）是否经过认证并不影响虚开的认定

如今，我国税收监管逐渐向着"放管服"（简政放权、放管结合、优化服务）的方向发展。以往税务机关的大量监管核准工作被纳税人的自行判断与自行申报纳税所替代。增值税专用发票从扫描认证向勾选认证的转变，就是一个很好的例证。在这种背景下，认证通过并不体现税务机关的实体审查。即使已经认证通过，也不代表税务机关已经正式确认发票的合法性。因此，在实践中，以发票通过了认证来进行抗辩是没有实际意义的。

要避免虚开增值税专用发票带来的风险，纳税人必须准确把握税务机关认定虚开的标准。在日常的商业活动中，纳税人对外应当加强对交易对方商业信用的审查，对内则应当加强对业务人员的合规培训，以确保增值税专用发票的使用无论从形式还是实质上均符合法定要求。尤其是对一些模糊的概念或者有争议的操作方式，要尽量回避。

虚开增值税专用发票的大量出现，多与少数违法企业的逐利冲动有关。在追逐利润的同时，纳税人须对增值税专用发票进行合规管理，否则，除了承担经济损失，还有可能承担刑事责任，丧失人身自由。

4. 虚开引发的个税风险

实务中，虚开增值税专用发票，收取虚开发票回流款，不仅要承担法律责任，还可能被征收个人所得税。

【案例 4-5】2021 年 6 月 30 日晚间，宁波 W 股份有限公司在首发上市相关资料中披露了收购的子公司在收购前的税务违法行为。国家税务总局宁波市税务局第三稽查局认定，宁波 W 股份有限公司所收购子公司原法定代表人吴某某收取的涉案虚开发票回流款，在各纳税年度终了后既不归还，又未用于企业生产经营的部分，共计约 215 万元，应缴纳个人所得税约 43 万元。

对于虚开增值税专用发票，大家可能都想不到个人所得税文件还能这样嵌套着适用。因为在刑事案件中，虚开是一项重罪，支付开票费和收取回流款往往仅被作为定性虚开的指标。但在税务行政处理中，仍然会对个人所得税一并进行处理。

主要原因在于，为了掩饰虚开增值税专用发票的真相，此类案件中通常会存在应当进入企业账户的资金在个人银行账户之间流动的情况。这种资金的异常流动，按照国家税务总局的下列规定，就可能引发个人所得税风险。

关于个人投资者从其投资的企业（个人独资企业、合伙企业除外）借款长期不还的处理问题，《财政部 国家税务总局关于规范个人投资者个人所得税征收管理的通知》（财税〔2003〕158号）规定："纳税年度内个人投资者从其投资的企业（个人独资企业、合伙企业除外）借款，在该纳税年度终了后既不归还，又未用于企业生产经营的，其未归还的借款可视为企业对个人投资者的红利分配，依照'利息、股息、红利所得'项目计征个人所得税。"

《国家税务总局关于印发〈个人所得税管理办法〉的通知》（国税发〔2005〕120号）第三十五条第（四）项规定："加强个人投资者从其投资企业借款的管理，对期限超过一年又未用于企业生产经营的借款，严格按照有关规定征税。"

因此，国家税务总局宁波市税务局第三稽查局应当是认定吴某某为被收购子公司的投资人，而不仅仅是法定代表人，进而适用了前述税务文件的规定。

5. 伴生风险

虚开增值税专用发票，除了涉税风险，还有许多伴生风险，如贪污、职务侵占、挪用企业资金、洗钱等。之所以具有这么多的伴生风险，与增值税专用发票本身的重要作用密不可分。无论具体以哪种形式实施违法犯罪活动，在东窗事发之前，当事人都会千方百计地进行掩饰，努力使交易从形式上看是合法的。要做到这一点，就意味着所有的资金流动要有依据，会计的处理要有凭证。这些归结到最后，都要求具有增值税专用发票。由此，虚开增值税专用发票也就成了很多违法犯罪活动的共性问题。

下面列举一个我在实务中处理过的涉嫌职务侵占罪的真实案件，以此来说明虚开增值税专用发票的伴生风险。

【案例 4-6】一家公司的某位管理人员利用自己控制财务部门的机会，想方设法要把公司的钱装进自己的腰包。为了达到这个目的，这名管理人员以公司的名义购买了数千万元的黄金珠宝、加油卡、购物卡等。

实际上，这些交易都是虚假的，卖方并没有向公司交付黄金珠宝、加油卡、购物卡，而是按照管理人员的要求直接予以提现。但为了向公司请求款项，卖方仍然向公司开具了增值税专用发票。

管理人员通过这些发票把公司账目做平，一直未被发现。直到管理人员离任后，公司组织第三方审计时才发现问题。

最终，这名管理人员被以职务侵占罪判处有期徒刑五年。

这个案例非常有代表性，管理人员虚开发票的目的并不是逃税，而是侵占公司的财产。

6. 整改不当带来的增值税风险

企业不仅应当了解如何正确使用增值税专用发票，还应当了解在已经违规的情况下如何整改，如何避免后果进一步扩大。下面分享一个非常典型的税务行政诉讼案件。

【案例 4-7】2015 年 8 月 28 日，原告 A 公司与 M 公司签订了买卖合同，由原告向 M 公司购买冲床，合同总金额为 250 万元（含增值税）。合同签订后，原告向 M 公司付清了款项，M 公司亦将该批货物送达给原告。因销售方 M 公司无法开具冲床的增值税专用发票，只开具了 110 万元的增值税普通发票，原告无法用于进项税额抵扣，遂要求 M 公司提供增值税专用发票。后 M 公司联系与其有铜带业务往来的 S 公司，由 S 公司向原告开具货物名称为"铜带"的增值税专用发票 26 份，价税合计 250 万元（含进项税额），原告已于同期向税务机关申报抵扣。

2016 年 1 月至 2 月期间，原告按常态进行财务审计，审计机构发现原告上述 250 万元发票存在实物与账面库存不符的情况，要求原告按照相关规定进行纠错。后原告在没有与 M 公司进行"铜带"交易的情况下，向 M 公司开具了货物名称为"铜带"的增值税专用发票 10 份，价税合计 250 万元。针对原告的上述行为，当地税务稽查局于 2016 年 6 月 28 日经审查予以立案查处。

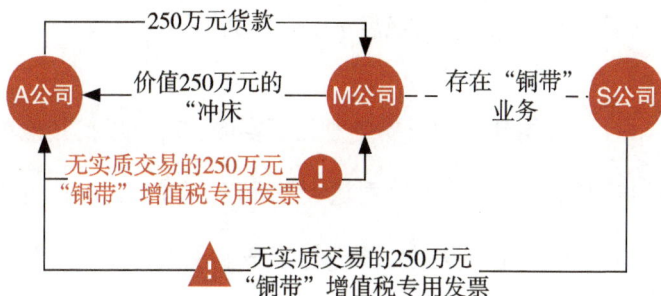

这起案件旷日持久，历经一审、二审、撤销税务处罚决定、再次处罚、再次一审、再次二审、再审，从 2018 年一直持续到 2021 年。经过反复波折后，原告 A 公司最终还是受到了税务机关的处罚。

如此复杂的案件，其根源在于一个常见的税务筹划操作误区。A 公司从 M 公司购买冲床，本应由 M 公司作为卖方开具增值税专用发票，而 M 公司无法开具增值税专用发票，只能开具增值税普通发票。这种情况下，双方本应通过协商来解决商业纠纷，如对于 A 公司无法抵扣而遭受的增值税损失，由 M 公司给予赔偿。如果这样处理，事情也就了结了，绝不会出现后续旷日持久的诉讼大战。

但 A 公司却认为只要生意是真实的，就可以找其他单位代开发票。于是，A 公司从 M 公司购买冲床，却取得了 S 公司开具的铜带发票，并进行了增值税抵扣。很多财务人员认为，为了生产活动，A 公司确实购买了冲床，应该获得抵扣的机会。A 公司换了一张等额的发票，只是把本该以冲床抵扣的增值税税款按照铜带进行了抵扣，实质重于形式，尽管发票记载与实际交易情况不符，但从结果上看，A 公司并没有造成国家税款的损失。

实际上，这种做法是不符合税法规定的。对于增值税专用发票的管理和使用，国家税务总局有着明确的规定。增值税专用发票只能由卖家向买家开具，且开具的发票内容应当与实际交易内容相符。基于以票管税的基本思路，增值税专用发票本身具有无可替代的作用，即使所有的交易都是真实合法的，若没有增值税专用发票，也是无法抵扣的。

这个案件当中还有一个小插曲，也体现出税务问题的解决不能任性，必须按照税法既有的规则来操作。A 公司从 S 公司取得铜带增值税专用发票后，在税务机关发现之前，审计机构已经告知了 A 公司取得的发票不合法，要求 A 公司整改。这本来是一个改正错误的机会，因为按照国家税务总局的规定，税务检查之前自行发现问题并纠正，且没有偷税主观故意的，是不应认定为偷税的。

但 A 公司却又以一种常见的错误操作错过了这次改正的机会。在审计机构告知 A 公司从 S 公司取得铜带增值税专用发票违法后，A 公司应当立即依照国家税务总局的规定，向 S 公司开具增值税红字发票，但其却没有这样做，而是在没有真实交易的情况下，向 M 公司开出了增值税专用发票。

A 公司在诉讼当中解释了这种做法，其认为，在没有真实交易、没有纳税义务的情况下，自己主动向 M 公司开具增值税专用发票并且缴纳了税款，等于是自愿多缴纳了税款，弥补了自己用 S 公司铜带增值税专用发票抵扣所造成的税款损失。但这种操作，仍然没有跳出自说自话的怪圈，法院最终也未认可这种说法。因此，企业要解决错误开票的问题，就必须按照税法的规定纠错，否则只能是越纠越错。

第五章

进出口环节的
税务合规与筹划

搞明白进出口税收，才能把
外贸做得既省钱又安心。

　　进出口环节的税收，是税收中非常独特的一个领域。除了要符合税务机关的要求，企业还必须兼顾海关的税收征管要求。海关与税务机关的征管既存在区别又存在联系，稍有不慎，企业就可能顾此失彼，引发海关与税务机关的连锁反应，同时受到海关与税务机关的处理或处罚。

一、进出口环节的计税方式

　　进出口环节的税收是指伴随着货物的进出口活动而产生的税收。

1. 征收机关

进出口环节涉及三种税：关税、增值税、消费税。关税由海关负责征收，增值税和消费税则由海关代征。所以，同样是增值税和消费税，在我国有两个征收机关。国内流通环节由税务机关征收，进出口环节则由海关代征。代征的意思是，进出口环节的增值税和消费税本应由税务机关征收，但是出于征收便利的考虑，由海关在进口环节代为征收。

这里要说明一点，虽然进出口环节均可能涉及税收，但税款缴纳基本均发生在进口环节，出口环节只有特定商品缴纳关税，增值税和消费税也只在特定情况下征收。因此，本章所讲的进出口税收重点在进口环节。

2. 海关与税务机关的征税差异

虽然同样是征税，但海关的税款征收与税务机关有着显著的区别。这是我们在做进出口税务筹划之前必须要了解的。实务中经常有人拿着税务机关的征税思路来理解海关的征税，这是绝对不可以的。具体来说，海关与税务机关的征税差异主要体现在以下四个方面，如图 5-1 所示。

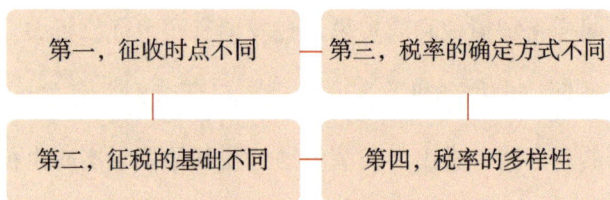

第一，征收时点不同 —— 第三，税率的确定方式不同

第二，征税的基础不同 —— 第四，税率的多样性

图 5-1　海关与税务机关的征税差异

第一，征收时点不同。

原则上，海关的征税是静态的，聚焦在货物进口的瞬间。在货物进口的时间节点上，企业应当缴纳多少关税、增值税、消费税，就已经确定了，不会因为后续的不同处理而发生改变。这一点，就和税务机关征税有所不同。税务机关征收增值税，要考虑纳税人的身份，要考虑是否用于免税项目，要考虑交易的下家是否是一般纳税人。而海关在征税时，则不考虑进口收货人是何种身份，也不考虑货物是自用还是销售，更不考虑收货人是否将货物用于免

税项目。

第二，征税的基础不同。

同样是征税，税务机关征税的基础是货物与服务的种类，同样的东西税率基本是一样的。但海关征税的基础则是税则号列，而不是商品本身。所谓税则号列，是指《中华人民共和国进出口税则》（以下简称《进出口税则》）中的商品编码、号列，简称税号。同样的商品，不同的组合方式，有可能直接影响税则号列的确定，从而影响海关对税款的征收。

例如，一种牛肉丸，含牛肉21%、鲍鱼10%、虾肉15%、海参10%，其是该按单一品种含量最高的牛肉归到品目16.02，还是按加总含量较高的虾肉（甲壳动物）、鲍鱼（软体动物）及海参（其他水生无脊椎动物）归到品目16.05，海关在征税时可能会引发争议。但对税务机关来说，这根本不是问题，只要不是法定的低税率商品，所有的丸子都适用13%的增值税税率。

第三，税率的确定方式不同。

即使是税则号列相同的货物，海关也会根据监管条件的不同而适用不同的税率。例如，同样是购买手提包，若企业按照一般贸易进口，关税税率为6%，增值税税率为13%；若个人直接从境外背了一个回来或者在网上海淘，则适用20%的行邮税（行李和邮递物品进口税），不再具体区分关税和增值税，打包在一起作为行邮税征收；如果我们在跨境电商平台上下单，那么对于符合条件的手提包（单价在5 000元以下），免征关税，进口增值税"打7折"，也就是税率为9.1%（见图5-2）。所以，海关按照监管条件征收税款的方式非常特别。相比之下，税务机关征税就简单多了，只看是否发生了销售货物或者服务的行为就可以了。

第四，税率的多样性。

对于税率，税务机关的征收是比较稳定的，如增值税税率分为13%、9%、6%、0，企业不管和谁做生意，都基

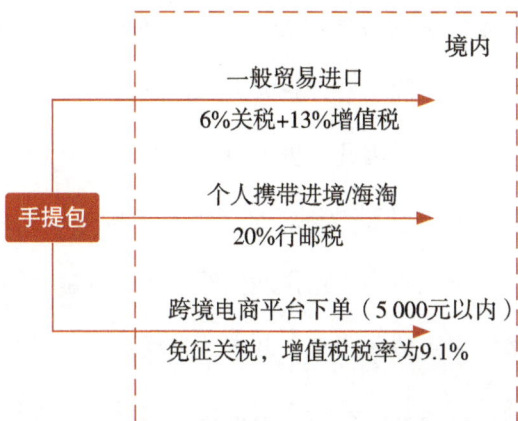

图 5-2　进境货物（手提包）的关税与增值税税率

本是在这四个税率中进行选择。而海关在进出口环节当中适用的税率，则根据不同情况有所差异。来自不同国家的税则号列完全相同的货物，根据原产地的不同适用不同的关税税率。来自世界贸易组织国家或地区的货物，适用最惠国税率；来自非世界贸易组织国家或地区的货物，适用普通税率；来自最不发达国家的货物，适用特惠税率；来自签订有贸易协定国家或地区的货物，适用协定税率。因此，与税务机关的征税相比，海关征收税款，不仅仅是经济利益的体现，同时也是国际政治关系的体现。

以上是海关与税务机关在征税方面的四个主要区别。海关与税务机关除了在征税方面有区别，双方在税收当中的联动也很常见。因此，进出口环节的税务筹划，需要企业既了解海关的征税规则，也了解税务机关的征税规则。例如，有一家从事出口退税的外贸企业，从罐头加工厂购买了一批沙丁鱼罐头出口，并申请退税。为了退税，外贸企业必须从罐头加工厂获得增值税专用发票。税务的规则要求如实开票，于是外贸企业取得了品名为沙丁鱼罐头的增值税专用发票。此处很难想象，罐头加工厂会开具品名为沙丁鱼的发票。如果真的这样开票，罐头加工厂就面临着虚开发票的指控。明明卖的是罐头，为什么开鱼的发票？在海关的报关规则介入之前，正常的发票开票规则只能按照罐头开票。

罐头买回来之后，贸易企业向海关申报出口，结果发现报关单上面无法申报为罐头，而是应当申报为沙丁鱼。因为按照归类规则，沙丁鱼罐头必须按照 1604.1300 沙丁鱼归类。而按照海关统计商品目录，1604.1300 的商品名称为"制作或保藏的沙丁鱼、小沙丁鱼属、黍鲱或西鲱，整条或切块"。因此，一旦沙丁鱼罐头归入 1604.1300，则商品名称不应申报为罐头。于是，海关的报关规则与税务机关的发票开具规则就产生了分歧。

如果不退税，这种分歧也没什么，一旦申请退税，问题就来了。税务出口退税岗位的人员在审查备案资料时，就会觉得奇怪，外贸企业购进了 100 吨罐头，怎么出口了 100 吨沙丁鱼呢？那些罐头盒都到哪里去了呢？于是，可能会做出品名不符、暂停退税的决定。同样一个罐头，原样出口了，为什么能华丽转身为沙丁鱼，确实很难让人理解。

有些企业想到了变通的做法，先向海关申报出口，确定报关单上的货物名称，然后再根据报关单确定发票上的品名。如此一来，就可以解决品名不一致的问题，但报关出口与开票的时间顺序又会存在问题。按照出口退税规则，应该是先有发票后有报关单，否则就又构成了暂停退税的不符点。更严重的是，这种先报关后开票的做法与骗取出口退税中配单配票的做法很像，相关企业很可能会卷入违法犯罪的调查中。

分开来看，税务机关要求按照罐头开票是对的，海关要求按照沙丁鱼申报也是对的。两个正确的结论放在一起，企业可能会无法正常退税。要解决这个问题，目前只能与主管出口退税的税务机关沟通，请税务人员理解海关的归类规则。通常来说，一家长期经营的企业，主管税务机关经过实地考察，了解了企业出口的真实情况与申报差异原因之后，就可以排除疑点，继续为企业办理退税。

二、进出口环节的税务筹划

企业可以通过以下几种方式做好进出口环节的税务筹划工作，如图 5-3 所示。

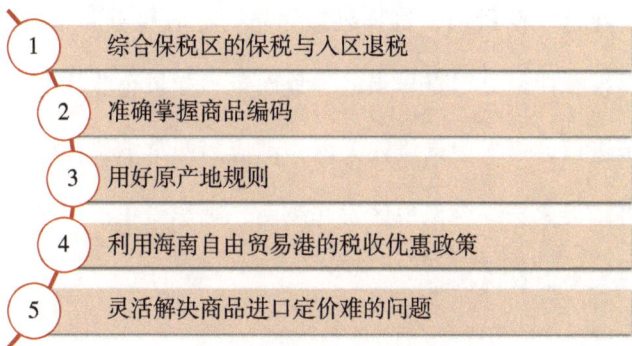

图 5-3 进出口环节的税务筹划方式

1. 综合保税区的保税与入区退税

进出口环节的税收原则上为"落地完税",但也存在着一些例外,如综合保税区等特殊监管区域、公式定价、两步申报、暂时进出境、加工贸易等。从税务筹划的角度来看,综合保税区发挥的作用最大,下面重点介绍这部分内容。

保税是海关法中一个特定的用语,指的是货物的征税状态不明,最终是否征税取决于货物后续的流向。例如,一批从新西兰进口的奇异果申报进入综合保税区,这批奇异果从进入到离开综合保税区的这段时间,就处于保税状态。在这个阶段内，奇异果最终是否征收税款并不清楚，需要视企业最终对奇异果的处置而定。如果企业将奇异果申报进口，进入中国境内关内，则应当照章纳税；如果企业将奇异果从综合保税区发往越南，则享受免税待遇，中国海关不征收税款。

（1）合理合法享受保税待遇

【案例 5-1】某公司承接国外的订单，所有的原材料都是进口的，最终的产品也出口到国外。该公司一直采用一般贸易方式在缴纳进出口环节税收后再办理出口。为了降低进口原材料的税负，公司铤而走险，与国外供货商相互串通低报价格，最终被海关按照走私予以行政处罚。

这家公司的问题在于对海关制度的不了解。这种情况，企业可以选择迁入综合保税区开展保税加工业务，也可以在综合保税区外开展加工贸易。无论选择哪一种方式，企业在进口料件时，都可以享受保税的待遇。也就是说，在进口环节暂不缴纳税款，待企业成品生产出来后全部出口，向海关办理核销手续，这时暂不缴纳税款就确定转变为免税了。了解海关法律法规，企业的解决方案可能仅仅是搬迁及办理海关手续；不了解海关法律法规，则可能稀里糊涂地错上加错，甚至涉嫌违法犯罪。

（2）跨境电商保税仓

综合保税区的保税功能，也极大助力了跨境电商行业的发展。目前，无论是进口还是出口，跨境电商行业均可以选择保税仓模式进行经营。保税仓模式最大的好处有以下三点。

第一，减少成本，快速发货。企业将货物大批量储存在进口国，可以避免零星发货增加的物流成本，在进口国消费者下单购买时，可以快速发货，增强用户体验。

第二，降低供应链风险。例如，在新冠肺炎疫情背景下，国际供应链可能短时间内流通不畅，造成货物短缺。而在保税仓模式下，销售商可以凭借仓储的存货继续进行交易，具有一定的供应链避险功能。

第三，保税销售，降低了货物滞销的商业风险。例如，在没有保税仓制度时，所有进口的货物都必须先向海关缴纳税款，缴税之后海关解除监管放行，货物可以自由流动。但如果出现滞销的情形，进口商就会面临亏损，不仅货物无法售出，已经向海关缴纳的税款也无法退回。有了保税仓制度后，跨境电商进口商就可以将货物先保税进口至综合保税区，若货物能够成交，则缴纳税款后进口；若货物滞销，则可以考虑重新运往其他国家或者地区售卖，转运时享受免税待遇，不需要向海关缴纳税款。

（3）入区退税

综合保税区除了免税，还有一个很大的特点，那就是入区退税。通常，货物必须实际离境才能办理出口退税，但综合保税区是一个例外。根据海关法，综合保税区视为独立的关境，货物从境内区外进入综合保税区，就视为出口，可以申请办理出口退税。

国家的出口退税政策在不断调整，会突然出现停止某项商品出口退税的情况。通常，财政部调整出口退税的公告会留给企业两三天的过渡时间。在两三天的时间里，企业要安排物流将货物实际出口，可能来不及。为了避免因超期不能退税而遭受损失，企业可以充分发挥综合保税区入区退税的功能。这种情况下，货物不需要装船驶离我国国境，只需要通过集卡运进综合保税区就可以达到出口退税的目的。从物理上讲，可能就是将货物从某地运到了综合保税区；但从海关法上讲，其已经实现了关境的穿越，满足了出口退税的条件。

（4）保税维修

保税维修是指在海关特殊监管区域内对保税状态下的待维修件利用保税料件或非保税料件进行维修或检测，完成后复运出区的业务模式。

根据商务部、生态环境部、海关总署于 2020 年 5 月 13 日联合发布的《关于支持综合保税区内企业开展维修业务的公告》，综合保税区内企业可以开展航空航天、船舶、轨道交通、工程机械、数控机床、通信设备、精密电子等产品的维修业务，不得开展国家禁止进出口货物的维修业务。

综合保税区内企业可以开展来自境外或境内海关特殊监管区域外的全球维修业务。维修后的货物，应根据其来源复运至境外或境内综合保税区外。综合保税区内企业不得通过维修方式开展拆解、报废等业务。

【案例5-2】2021年4月，一家航空公司希望开展飞机保税维修业务。公司的计划是：飞机从境外飞抵中国机场后，通过保税维修的方式更换航材或者进行修理。这种方式可行吗？

对于航空公司而言，飞机航材的修理和更换经常发生。因此，航空公司可以将经常用于修理的零部件作为保税料件进口到中国，仓储于机场附近的综合保税区。当飞机需要维修或者更换航材时，可以按照海关的监管要求从综合保税区调取保税零部件。这些用于维修的零部件是不需要缴纳进口环节税收的。

2. 准确掌握商品编码

商品编码是确定能否出口退税以及出口退税率的重要依据。商品编码的确定规则非常复杂，没有受过专业训练的人员很难做出准确的认定。因此，出口退税企业错误归类是很常见的。有些企业把不可以获取出口退税的商品归到了可以获取出口退税的商品编码中，或者将低出口退税率的商品归到了高出口退税率的商品编码中；而另一些企业则恰好相反，把可以获取出口退税的商品归到了不可以获取出口退税的商品编码中，或者将高出口退税率的商品归到了低出口退税率的商品编码中。前者可能会受到海关与税务机关的处罚，后者则白白浪费了出口退税的机会。因此，对于企业来说，搞清楚出口商品的商品编码，本身就是一项重要的税务筹划工作。

我曾在 2021 年上半年处理过一个商品编码归类错误的案例，具体如下所述。

【案例 5-3】某公司原来的产品是可以出口退税的，一直按照税则号列 7301.1000 进行申报，因为生意一直很顺利，所以也就没有在意商品编码问题，不管是 7301.1000 还是 7308.2000，出口退税率都是 13%。2021 年 4 月 26 日，财政部、税务总局发布了《关于取消部分钢铁产品出口退税的公告》（财政部 税务总局公告 2021 年第 16 号），明确对部分产品停止出口退税，7301.1000 从此不再退税，但 7308.2000 仍然可以出口退税。该公司相关负责人突然想到，会不会以前归入的税号是错误的，产品正确的税号应当是 7308.2000 呢？经过确认，还真是如此，在企业的全部产品中，有部分确实存在归类错误的情况。对于确实归入 7301.1000 的产品，已无法办理出口退税，但对于错误归入 7301.1000 而实为 7308.2000 的产品，企业仍可办理出口退税。

从这个案例中，我们可以看到税号 7301.1000 与 7308.2000 的前二位是相同的，它们都属于《进出口税则》

中第七十三章的商品，而后面的数字是不同的，也就是同为第七十三章的商品，但品目是不同的。第七十三章主要为钢铁制品，7301.1000为钢铁板桩（不论是否钻孔、扎眼或组装），7308.2000为钢铁结构体塔楼及格构杆。

从海关公布的资料来看，企业因为错误归类而导致白白丧失出口退税机会的情况较为普遍。微信公众号"海关发布"（海关总署官方信息平台）于2022年4月1日发布了文章"出口退税雪中送炭"，其中提到了如下案例。

案例一：义乌市某进出口有限公司向宁波海关申报一批出口锌合金装饰品，海关关员审单时发现该产品申报归类有误，核定归类后，该商品的退税率由0提升至13%，使该企业能够享受"真金白银"的退税红利。

案例二：南昌某食品有限公司是藠头加工企业。因为甜酸藠头罐头在加工过程中添加盐、醋、糖等不同成分，造成可能存在几种不同税号。该公司负责人表示，"不同的税号出口退税率不同，直接影响我们的利润水平。"

为帮助藠头加工企业解决税号争议问题，南昌海关多次派员实地下厂调查，了解甜酸藠头罐头商品的详细信息及生产工艺流程，收集企业对于商品归类和出口退税率的建议，撰写专题报告上报海关总署。最终促成企业出口甜酸藠头罐头采用税号"2005.9991 00"，出口退税率直接提高 8 个百分点，预计每年可为江西省藠头相关企业增加收益超 900 万元。

案例三：某粉末材料有限责任公司主要从事摩擦材料的研发、生产和销售，出口商品基本都是化学品，在海关归类中涉及多个类别。由于归入不同税号所适用的出口退税率完全不同，因此会直接影响企业的经营成本。该公司负责人陈某表示，海关归类比较专业，此前公司出口的一批摩擦材料原本是按"硫化锑"申报，出口退税率为零。武汉海关在税政调研中得知这一情况后，深入企业详细了解商品生产工艺，根据企业申请和提供的资料为其签发预裁定决定书，指导企业把申报品名调整为更能体现商品特性的"摩擦材料用三硫化二锑微粉"，适用 13% 的出口退税率，大幅降低了企业的出口成本。

3. 用好原产地规则

与国内税收不同，进出口环节的税收不仅要看交易的是什么货物，还要看货物的来源地。这个货物的来源地，在海关法上被称作原产地。

（1）原产地认定规则

原产地认定规则涉及非常复杂的专业知识。同样的货物，原产地不同，适用的关税则不同。

例如，进入 2022 年以来，中韩之间的原产地规则更加复杂，不仅有《亚太贸易协定》《中国—韩国自由贸易协定》（以下简称《中韩自贸协定》），还有《区域全面经济伙伴关系协定》（RCEP）。面对复杂的原产地规则，企业应当如何应对呢？我曾主办过一起相关原产地税务咨询案件，具体情况如下。

【案例 5-4】甲公司从美国运了一批燕麦片到韩国代工厂，在韩国裹上一层巧克力，做成巧克力燕麦片出口到中国，结果发现无法取得韩国原产地证明，理由是商品编码没有发生变化。要发生变化只有一条路，巧克力的用量要超过50%。但是，这样一来，巧克力燕麦片就不再是巧克力燕麦片了，而变成了燕麦巧克力，中国的消费者还能接受吗？

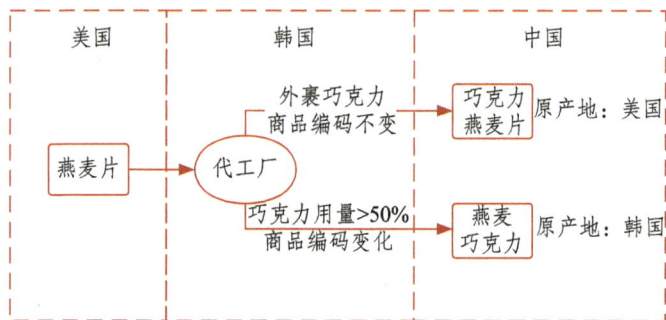

面对这样一个非常有趣的原产地咨询，我给出的答案是，商品编码改变是《中韩自贸协定》的原产地规则，《亚太贸易协定》下的原产地规则并没有强制要求商品编码改变，因此可以尝试申请《亚太贸易协定》的原产地证书。但是，在申请的过程中，企业一定要和韩国代工厂及韩国海关沟通好，说明具体申请的原产地证书种类。

原产地规则较为复杂，从大类上可以分为优惠原产地和非优惠原产地。优惠原产地适用于签订了自由贸易协定的国家或者地区，非优惠原产地则适用于未签订自由贸易协定的国家或者地区。根据中华人民共和国商务部"中国自由贸易区服务网"统计，截至 2022 年 6 月，中国参加的多边或者双边的自由贸易协定一共有 22 个。在这 22 个自由贸易协定中，具体的原产地认定均需要根据特定的自由贸易协定的具体内容做出判断，并没有一个放之四海而皆准的原产地判断标准。

（2）原产地标注问题

在实务操作中，中国企业在出口环节经常会遇到原产地标注问题。例如，一家机械工程装配企业从海外购进一部分配件，与中国产的底盘组装在一起，以工程车辆作为成品出口海外，在产品的外包装上是否可以打上"中国制造／生产"？

在对外贸易中，"中国制造／生产"是不可以随意使用的，否则可能会带来严重的法律后果。

首先，要注意标注"中国制造／生产"的实体要求。

原产地是否可以标注"中国制造／生产"，中国海关有明确的判定标准。现行有效的判定标准是海关总署发布的《关于非优惠原产地规则中实质性改变标准的规定》（海关总署令第122号）。其中，第七条规定："以制造、加工工序和从价百分比为标准判定实质性改变的货物在《适用制造或者加工工序及从价百分比标准的货物清单》中具体列明，并按列明的标准判定是否发生实质性改变。未列入《适用制造或者加工工序及从价百分比标准的货物清单》货物的实质性改变，应当适用税则归类改变标准。"

具体如何理解呢？以前述的工程机械装配企业为例，企业应当先对成品的海关商品编码做出准确判断，然后与《适用制造或者加工工序及从价百分比标准的货物清单》相对照。如果已经列入，则按照清单的要求判断货物的原产地；如果未列入，则根据税则归类改变做出判断。

其次，要注意标注"中国制造／生产"的程序要求。

在确定了货物原产地为中国之后，企业也不能径行使用"中国制造／生产"标记，而是应当先获得海关的批准。

《原产地标记管理规定实施办法》第十一条规定："检验检疫机构受理出境货物地理标记认证申请后，由直属检验检疫局依据《原产地标记注册程序》进行评审，评审合格的，报国家检验检疫局审批。经审批合格的，国家检验检疫局批准注册并颁发证书。出境货物原产国标记注册的申请，检验检疫机构按照《中华人民共和国出口货物原产地规则》签发原产地证书的要求进行审核。经审核符合要求的，生产制造厂商可在其产品上施加原产地标记'中国制造／生产'字样；不符合要求的，不得施加。"

现在，检验检疫已经整体划入海关，原检验检疫的职能转由海关承担。因此，依据前述规定，企业在使用"中国制造／生产"标记之前，应当经过海关的评审和批准。

因此，如果企业在外包装上随意使用"中国制造／生产"标记，可能引发相关法律责任。另外，如果不注意原产地标记的规范使用，企业即使获得了原产地证书，也无法享受协定税率的待遇，甚至可能会因为在包装箱上喷涂了"中国制造／生产"而缴纳巨额税款。

4. 利用海南自由贸易港的税收优惠政策

从税务筹划的角度来讲，海南是一个非常特殊的区域。为了打造海南自由贸易港，国家在海南出台了一系列特殊的过渡性财税政策，这些财税政策将持续到2025年海南全岛封关运作之前。海南全岛封关运作之后，税制预期会有变革。

我们先来了解一下海南目前和进出口相关的重要财税政策，这些政策使得海南在设计进出口方面的业务上享有一定的优势。

（1）进口原辅料"零关税"政策

自2020年12月1日起，至海南全岛封关运作前，在海南自由贸易港注册登记并具有独立法人资格的企业，进口并用于特定用途的原辅料，可以享受免缴进口关税、进口环节增值税和消费税的优惠——这是《财政部 海关总署 税务总局关于海南自由贸易港原辅料"零关税"政策的通知》（财关税〔2020〕42号）的核心内容。符合条件的企业，进口特定用途原辅料的税务成本将因此降低。

（2）进口自用生产设备"零关税"政策

2021年3月4日，财政部、海关总署、税务总局发布《关于海南自由贸易港自用生产设备"零关税"政策的通知》（财关税〔2021〕7号），明确全岛封关运作前，对海南自由贸易港注册登记并具有独立法人资格的企业，进口符合规定的自用生产设备，免征关税、进口环节增值税和消费税。该文件是继财关税〔2020〕42号、《关于海南自由贸易港交通工具及游艇"零关税"政策的通知》（财关税〔2020〕54号）等文件后，海南自由贸易港又一项关键税收优惠政策。

（3）加工增值超过 30% 的货物免关税进口试点政策

2021 年 7 月 8 日，《海关对洋浦保税港区加工增值货物内销税收征管暂行办法》（署税函〔2021〕131 号）颁布实施，在《中华人民共和国海关对洋浦保税港区监管办法》（海关总署公告 2020 年第 73 号）已有规定的基础上，对加工增值内销货物免关税的执行口径做出进一步的细化规定。其中，最引人注目的是第四条："对洋浦保税港区鼓励类产业企业生产的含有进口料件且加工增值超过 30% 的货物，出区内销的，免征进口关税，照章征收进口环节增值税、消费税。"由此，在海南自由贸易港的内部，又出现了洋浦保税港区这样一个先行先试的"特区中的特区"。

这些税收政策，使海南自由贸易港成为很多企业进出口税务筹划中都会考虑的一个重要因素。但需要注意的是，同行不同利，同一条财税政策对不同企业的影响是不一样的。

总体来说，进口关税越高，加工增值内销货物免关税政策的红利也就越大。例如，《进出口税则》第八十七章规定的摩托车关税为45%，而"摩托车整车及重要零部件制造"又属于海南自由贸易港新增鼓励类产业。在洋浦保税港区投资摩托车厂，对进口摩托车配件进行加工组装，增值率达到30%，销往境内区外时就可以省下45%的关税。

《海关对洋浦保税港区加工增值货物内销税收征管暂行办法》使用了"境内区外"，《进出口税则》是面向全国的，不会提到海南洋浦这个特定的地点，执行的时候，按照《海关对洋浦保税港区加工增值货物内销税收征管暂行办法》执行。

但是，对于一些特殊的产品，如《进出口税则》第三十章的药品，其已经享受了"零关税"的待遇，则在哪里进口实际上都是一样的。对于其他一些低关税的产品来说，影响也不大，如商品编码品目3304项下的化妆品，关税税率为5%。加工增值内销货物免关税政策，并非天上掉馅饼，企业需要前期的投入，是有成本的。这种前期投入与5%的免税相比，哪个合算，只能由企业根据自身经营情况自行测算，并没有标准答案。

5. 灵活解决商品进口定价难的问题

通常情况下，商品价格在进口时是基本确定的，但有些商品，根据行业惯例，价格在进口时可能是不确定的。例如，在水果的进口业务中，通常是买家先在国内销售，扣除约定的费用后，才能确定应该支付给国外卖家的价款。但根据规定，水果进口商必须在进口水果时向海关申报一个确定的价格，这时有些水果进口商就会弄虚作假。最终，一些长期低报价格的进口商因为触犯了走私普通货物罪而锒铛入狱。

一些被告人在接受缉私民警询问时，会表示这样做也是没有办法。真的没有办法吗？实际上并非如此。从海关法的角度来看，还是有办法可以解决的。当然，最终是否适合具体的企业，还要结合企业的具体情况做出判断。

针对进口水果定价难的问题，以下三个方案可供参考。

（1）"两步申报"：进口水果商可以借鉴的正确报关方式

其实，随着"放管服"改革的推进，海关的通关改革已经为企业提供了很多便利，只是有些从业人员没有及时了解到这些新的规定。"两步申报"可以在一定程度上缓解定价与申报的时间差问题。

《关于开展"两步申报"改革试点的公告》（海关总署公告 2019 年第 127 号）附件一《概要申报项目》明确规定："商品编号（6 位）填报《中华人民共和国进出口税则》和《中华人民共和国海关统计商品目录》确定编码的前 6 位；数量及单位填报成交数量、成交计量单位；总价填报同一项号下进口货物实际成交的商品总价格和币制，如果无法确定实际成交商品总价格则填报预估总价格。其他项目按照《中华人民共和国海关进出口货物报关单填制规范》要求填写。"

根据《关于全面推广"两步申报"改革的公告》（海关总署公告2019年第216号）的规定，"两步申报"自2020年1月1日起实施，其他相关事项按照海关总署公告2019年第127号执行。

在"两步申报"通关模式下，第一步，企业在概要申报后经海关同意即可提离货物；第二步，企业在规定时间内完成完整申报。企业自运输工具申报进境之日起14日内完成完整申报、办理缴纳税款等其他通关手续。

"两步申报"在一定程度上缓解了进口水果定价模式与海关监管之间的冲突。进口商可以在进口时向海关做概要申报，预估一个水果价格，经海关同意后提离水果到营业场所验货；在运输工具申报进境之日起14日内完成完整申报，就水果的准确成交价格向海关申报，并及时缴纳税款。这样，就兼顾了进口商验货与海关征税的需求。

但应该注意的是，"两步申报"无法解决进口商的所有需求。例如，在代理模式下，进口商一定要卖完了所有水果后才能确定价格。但即使是在"两步申报"的情况下，进口商也必须在运输工具申报进境之日起 14 日内完成准确申报，海关在计征税款时不可能无限期地等待下去。

（2）跨境电商保税进口

代销水果的进口商，应在海关备案后取得跨境电商企业资格，然后将代销的水果进口到跨境电商海关监管区域。在海关监管区域内，货物处于保税的状态，是否征税取决于后续的操作。水果进入海关监管区域后，进口商可以根据国内消费者的订单从监管区域内发货收款，然后根据销售情况向海关集中申报纳税，并将此作为与境外供应商结算的依据。这样就同时兼顾了代销的商业需求与海关监管的要求。由于货物进入了保税的海关监管区域，因此进口商可以只进行清单申报，货物在保税区时进口商并不产生纳税义务。

对于不符合合同约定的水果，进口商可以与供应商协商处理方式，要么降价销售，并按照降价情况申报纳税、结算货款；要么在海关的监管下销毁变质的水果，因为销毁水果通常并不产生收益，所以也无须缴纳税款；如果水果是经得住折腾的"果坚强"，退运当然也是一种选择。

如同其他的进出口行业一样，水果进口商要做到关务合规，既需要了解海关的监管规则，也需要了解自身的经营模式。生意做法不同，对应的海关监管规则也不同。进口水果自营的企业可以尝试"两步申报"；进口水果代销的企业，如果是直接销售给国内消费者的，可以选择"1210"（保税跨境贸易电子商贸）的跨境电商保税仓模式。

（3）保税区交易与加工贸易

对于进口水果代销的企业，专门从事批发业务，将水果卖给国内的其他经销商，也就是从事 B2B 经营，这时候应该怎么做呢？因为是代销，所以报关时效上无法满足"两步申报"中完整申报的要求；因为是 B2B，所以无法采用"1210"的跨境电商保税仓模式。这种情况下，企业能走伪报交易价格，以一般贸易向海关申报这条路吗？当然不行！企业至少有两条路可以走：一是保税区交易；二是加工贸易交易。

在保税区交易中，水果的进口批发商可以先把货物申报进入保税区，与国内其他经销商达成交易安排后，直接从保税区发货给其他经销商，货物提离保税区并按照成交价格缴纳税款。水果卖完之后，进口批发商根据销售表单与境外供货商对账并结算。对于未售出的水果，在海关的监管下做销毁处理或者退运。水果的退运需要检疫，是否能够实际完成退运，需要视具体情况而定。

除了保税区交易，代销水果批发经营的进口商，还可以考虑采用加工贸易的方式，根据规定向海关申请加工贸易手册或电子账册，开展加工贸易。进口商可以将加工贸易的水果内销给国内的其他经销商，并及时缴纳税款。对于未售出的水果，经海关同意后做销毁处理或者退运。水果的退运需要检疫，是否能够实际完成退运，需视具体情况而定。全部处理完毕后，进口商向海关申请加工贸易的核销。最后，进口商根据手册核销情况，与境外进口商结算。

与保税区相比，加工贸易的好处是便捷，经海关验收后，加工贸易可以在企业的厂区内进行。

由于每个地区的情况与要求不同，企业最终要根据自身的实际情况及主管海关的意见来选择合适的通关方式。但无论如何，包括水果交易商在内的所有进出口经营企业，都必须先了解海关的监管规则，知晓海关的监管底线。底线不可突破，当某种商业安排与海关的监管规则存在冲突时，企业就需要放弃或者调整自身的商业安排。

三、相关法律风险

1. "包税通关"的法律问题

进出口贸易是一个技术含量很高的领域，要快速了解其中的全部规则确实很难。在这种情况下，出现了一种所谓的"包税通关"的方式。大家在网上可能也看到过相关的广告。"包税通关"就是某些不法分子按照货物固定的重量给出通关费用的报价，保证完成清关手续。对货主来说，这种看上去省心的通关方式，实际上隐藏着极大的风险。

下面和大家分享一个我曾办理过的走私犯罪案件。

【案例 5-5】A 公司是从事废钢铁经营的内贸企业，2017 年，其试图通过转外贸的方式出口消化国内低价的废钢铁。该公司负责人想到了"包税通关"的方式，于是找到了做外贸的 B 公司，双方达成合作，由 B 公司为 A 公司提供清关服务，负责为 A 公司办妥海关手续。双方商量好了一个固定价格，为每吨 500 元。但很快海关缉私民警就找上了门，对 A 公司和 B 公司的实际负责人均采取刑事强制措施。经过法院的审判，A 公司和 B 公司的实际负责人被认定偷逃税款 200 万元，分别被判处有期徒刑五年。

从起源上讲，"包税通关"满足了内贸企业图省事、仓促转型上马外贸的商业需要。内贸经营者不需要再去了解商品的税则号列，不需要了解报关单的填制，不需要搞明白成交价格的确定方式等。复杂的外贸程序，最终简化为称重就行，只要按照出口货物的重量跟外贸搭档结算即可。如星期三之前是做内贸的，因为"包税通关"的出现，星期四就成功转型为外贸。真的有这么简单吗？速成的东西往往酝酿着巨大的风险。

"包税通关"的风险在于，一方面，交易链条中的每个人都只盯着重量，不再关心出口货物的具体情况。源头的出口企业与外贸伙伴按照重量结算；外贸伙伴按照重量分包出去；分包伙伴再按照重量与船公司结算。整个过程中，没人关心废钢铁的各种成分含量到底是多少，甚至碳含量也没有搞明白，是废铁还是废钢也没查明白，整个交易就这样结束了。

另一方面，和建筑工程的层层发包一样，在废钢铁"包税通关"中，也存在层层发包。货主企业每吨支付了500元给一级外贸伙伴，一级外贸伙伴可能转手就以每吨400元发包给了二级外贸伙伴，最后可能只按每吨200元缴纳关税。为了利润，业务链末端的企业有足够的冲动低报价格或者重量。对源头的货主企业来说，一旦采取"包税通关"的方式，货物一出手局面就失控了。货物最终是由谁实际完成出口的，怎么申报的，缴纳了多少税款，都无从得知。

每个执法领域，都会有很多固定的高风险脸谱，只要出现了这些脸谱化的做法，执法机关就会推定为违规，至于是不是确实违规了，要调查之后再确定。"包税通关"，就是反走私执法当中的一个重要脸谱。

最后判定是否构成走私，是以货物最终出口时有无偷漏税款来判断的。不管源头货主企业的发包价格是多少，只要最终国家收到的税款少了，就有可能构成走私。如果源头货主企业支付的发包价格明显低于出口货物的应缴关税，那么可能直接推断出走私的故意。

对于源头货主企业来说，最大的风险在于货物一出手，要对后面所有人的违法行为负责。源头货主企业支付了每吨 500 元的费用，后续出口时实际上缴纳了 100 元的税款，就视为源头货主企业缴纳了 100 元税款；若后续出口时实际上没有缴纳税款，就视为源头货主企业没有缴纳税款。

因此，那些仓促上马，以"包税通关"方式快速向外贸转型的内贸企业，要充分考虑到这种方式蕴含的巨大法律风险。

2. 错误申报税则号列的风险

海关征税的基础是商品编码，也叫作税则号列。也就是说，所有的商品，如果没有确定对应的商品编码，海关是无法征税的。而从海关法的角度来讲，确定商品编码是企业的义务，企业如果确定了错误的商品编码并进行了申报，则将承担相应的法律责任，轻则补税罚款，重则构成走私犯罪。

下面通过一起涉嫌白糖走私的案件，来分析一下这方面的法律风险。

【案例 5-6】国内的一家食品公司，从泰国进口白糖。在没有配额的情况下，白糖仅关税一项就要征收 50% 的税。为了降低税负，这家食品公司采取了一些手段。该公司要求泰国白糖企业在生产过程中进行搅拌，每袋 50 公斤的产品中包含 95% 的白砂糖、5% 的葡萄糖，然后食品公司在进口时按照预混粉而不是白砂糖进行申报。

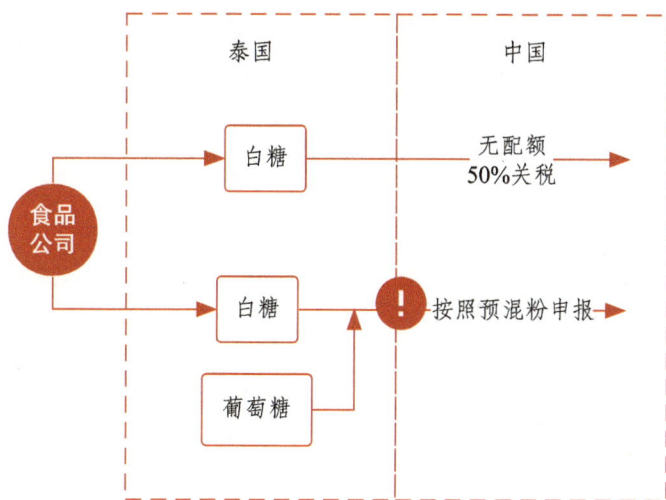

食品公司在海关报关时，海关认为商品编码申报错误，要求该公司退运。该公司在退运后又换了一个海关，仍然按照预混粉进行申报。这次，海关将案件移交缉私局按照走私普通货物罪进行处理，该公司负责人被刑事拘留。最终，虽然以不起诉结案，但这种刑事风险是客观存在的，企业所受到的负面影响也是极大的。

第六章

如何兼顾其他领域的合规要求

拓宽合规视野，除了税务合规，企业还要兼顾其他领域的合规要求。

一项商业活动，通常会受到多家行政机关的监管，而且这些行政机关监管的角度是不同的。税务上的合规，并不代表在其他行政监管方面也是合规的。通常来讲，企业在日常经济活动中，除税务合规以外，还需要同时兼顾关务合规、价格合规、反垄断合规、土地管理合规及环保合规等。

一、税务合规与关务合规

1. 兼顾海关与税务监管的价格底线

与一般贸易相比，海关对跨境电商经营企业定价的监管是较为宽松的。《海关总署关税征管司、加贸司关于明确跨境电商进口商品完税价格有关问题的通知》（税管函〔2016〕73号）第二条对优惠促销价格的认定原则规定，以订单价格为基础确定完税价格，订单价格原则上不能为零。所以，只要交易是真实的，即使你通过跨境电商买到了1.5元的奶粉，海关也不应当干预，而是应当按照1.5元作为完税价格计征税款。一般贸易当中的审价方法在跨境电商当中并不适用。

海关虽然不干预了，但不要忘记还有税务机关。例如，从新西兰进口的奶粉，包含了运费和保险费，1.5元就成交了，如此低的价格，主管税务机关能认可吗？根据企业所得税核定征收政策规定，纳税人申报的计税依据明显偏低，又无正当理由的，税务机关有权核定征收企业所得税。

因此，综合考虑海关与税务监管的合规性，跨境电商经营企业申报的订单价格建议不要低于成本。通俗来讲，不应该做亏本生意。

2. 能否与消费者约定"包税"

消费者是跨境电商交易中的纳税义务人，跨境电商经营企业是代扣代缴义务人。从缴税便捷性来看，实际交易中的税款也基本上都是由跨境电商经营企业代消费者缴纳的。只要税款金额正确，对于税款在企业与消费者之间如何分摊，是否"包税"，海关是不干预的。

例如，一双运动鞋，完税价格申报为 1 000 元，税款 91 元（跨境电商关税税率为 0；增值税税率为 13%×70%，即 9.1%）。跨境电商经营企业代消费者向海关缴纳 91 元税款后，海关即正常放行。如果跨境电商经营企业为了降低所包的税款而降低申报价格，如前所述，只要交易真实，海关应当接受申报，企业更多地应当留意税务机关调整价格的风险。同时，税务机关对价格的调整，不应引发海关对已放行货物价格的联动调整，因为海关与税务机关的审价标准是不同的。

在海关接受"包税"的原则下，企业应当关注具体的

"包税"方式。常见的"包税"方式有以下两种，海关的接受程度可能存在差异。

第一种，直接约定"包税"，如一双运动鞋 1 000 元（含税），这等于是企业代替消费者承担了 91 元的税款。这种做法在海关合规方面没有问题，企业只要按照 1 000 元的订单价格缴纳 91 元税款即可。但从税务方面来看，企业代垫的 91 元不应纳入企业所得税的税前扣除范围，因为不符合税前扣除所要求的相关性。

第二种，发放优惠券，消费者在实际支付时，凭优惠券抵减 91 元的税款。这种做法可能会产生漏缴税款的风险。税管函〔2016〕73 号文件规定："在订单支付中使用电商代金券、优惠券、积分等虚拟货币形式支付的'优惠减免金额'，不应在完税价格中扣除，应以订单价格为基础确定完税价格。"据此，91 元应该计入完税价格，由海关补征税款。在税务方面，企业参照商业折扣的方式处理，以实际收取的款项确认销售收入。

3. 优惠促销能否仅针对老用户或者会员

从海关的监管规定来看，这种做法将导致完税价格的调整。税管函〔2016〕73号文件规定："对直接打折、满减等优惠促销价格的认定应遵守公平、公开原则，即优惠促销应是适用于所有消费者，而非仅针对特定对象或特定人群的，海关以订单价格为基础确定完税价格。"如果商家仅仅针对老用户或者会员提供折扣，如只有会员才能够享受1 000元运动鞋打八折的优惠，则海关不接受折扣后的价格，将统一按照1 000元确定完税价格。在税务方面，企业参照商业折扣的方式处理，以实际收取的款项确认销售收入。税法上的折扣优惠可以仅针对特定人群开展，并没有海关政策中优惠促销应适用于所有消费者的要求。

综上可以看出，企业在税务筹划或者业务活动中，仅仅了解税务法规是远远不够的。

二、税务合规与价格合规

不同类型的企业，在进行税务筹划时，所应当关注的非税因素是不同的。我们仍以价格折扣为例，除了兼顾海关的监管规定之外，企业还应当兼顾市场监管规则，最主要体现在价格合规方面。

【案例 6-1】上海市某国际旅行社于 2020 年 4 月 1 日至 2020 年 10 月 25 日期间，在微信平台开设的商城中将销售的食品、化妆品的销售原价用横线划去，另行标注销售现价。当事人销售的食品、化妆品从未有过以标注的原价成交的情况。当事人的行为构成了虚构原价的价格欺诈行为。

上海市杨浦区市场监督管理局认为，当事人虚构原价的价格违法行为违反了《中华人民共和国价格法》（以下简称《价格法》）第十四条"经营者不得有下列不正当价格行为：（四）利用虚假的或者使人误解的价格手段，诱骗消费者或者其他经营者与其进行交易"之规定。

现根据《价格法》第四十条第一款："经营者有本法第十四条所列行为之一的，责令改正，没收违法所得，可以并处违法所得五倍以下的罚款；没有违法所得的，予以警告，可以并处罚款；情节严重的，责令停业整顿，或者由工商行政管理机关吊销营业执照。有关法律对本法第十四条所列行为的处罚及处罚机关另有规定的，可以依照有关法律的规定执行。"《价格违法行为行政处罚规定》第七条："经营者违反价格法第十四条的规定，利用虚假的或者使人误解的价格手段，诱骗消费者或者其他经营者与其进行交易的，责令改正，没收违法所得，并处违法所得5倍以下的罚款；没有违法所得的，处5万元以上50万元以下的罚款；情节严重的，责令停业整顿，或者由工商行政管理机关吊销营业执照。"以及《规范价格行政处罚权的若干规定》第六条"当事人有下列情形之一的，应当依法从轻或者减轻处罚：（二）主动消除或者减轻价格违法行为危害后果的"责令改正，并做出如下行政处罚：罚款人民币伍仟元整。

三、税务合规与反垄断合规

对于具有市场垄断地位的企业，在商业活动中，还要兼顾反垄断合规的问题。下面列举一起涉及红字发票的案件。

【案例6-2】某汽车整车公司向全国的4S店销售汽车整车，因为4S店配合汽车整车公司开展了贴息促销活动，所以汽车整车公司对已经销售给4S店的汽车进行价格补贴，返还一部分销售款给全国各地的4S店。在这个过程中，汽车整车公司就销售款返还部分开具了增值税红字发票，冲减汽车整车公司的增值税。汽车整车公司主管税务机关认为红字发票的开具不当，要求给出合理的解释。税务法律咨询机构在协助汽车整车公司准备情况说明时，援引了国家税务总局的1279号文件。

根据《国家税务总局关于纳税人折扣折让行为开具红字增值税专用发票问题的通知》（国税函〔2006〕1279号）："纳税人销售货物并向购买方开具增值税专用发票后，由于购货方在一定时期内累计购买货物达到一定数量，或者由于市场价格下降等原因，销货方给予购货方相应的价格优惠或补偿等折扣、折让行为，销货方可按现行《增值税专用发票使用规定》的有关规定开具红字增值税专用发票。"

当时，企业起草的情况说明给出的主要理由是，因为销售给4S店的汽车车型比较旧，市场价格下降，所以依据国家税务总局的1279号文件开具了增值税发票。之后又觉得不妥，因为汽车整车公司将汽车销售给4S店时约定的是厂商建议零售价格（MSRP）。这个价格完全在汽车整车公司的控制下。汽车整车公司若以 MSRP 下降为由解释开具红字发票的正当性，先不论能否解决红字发票的税务问题，很可能会引发操纵市场价格的质疑。因此，经过咨询与协商，汽车整车公司没有按照 MSRP 的思路进行解释，而是收集了 4S 店将汽车销售给消费者的零售价，通过大数据分析得出了车价下降的客观结论。

经过行政复议之后，税企之间达成了调解协议，以调解的方式结案。

这个案例体现出了处于市场支配地位的大企业在税务合规的同时，对于反垄断合规的重视。因此，企业在实务中千万不要只顾着税务合规而忽略其他政策法规，导致最后不仅没有解决税务问题，反而又引发新的违规指控。

四、税务合规与土地管理合规

实务中，有些企业会采用"名股实地"的税务处理方式。同样是"名股实地",有的可行,有的则不可行,会引发刑事风险。以下是一个真实的法律案件,供大家参考。

【案例 6-3】20××年,被告人栾某得到某市中央商务区 A-1-8 地块对外招商投资的信息。同年 3 月 31 日,栾某以 R 投资公司的名义与商务区开发建设公司签订了协议书,约定由 R 投资公司对 A-1-8 地块 A 区进行开发建设及土地摘牌。为实施该项目,R 投资公司出资申请登记成立 R 建设公司,法定代表人系栾某。在未支付全部土地使用权出让金、未取得土地使用权证书、未进行投资开发的情况下,R 投资公司与 H 置业公司签订协议,约定将 R 建设公司 100% 的股份转让给 H 置业公司。同年 3 月、6 月,双方陆续签订补充协议。6 月,H 置业公司根据上述协议向 R 投资公司支付 4 846 万元。扣除前期支付的保证金、拍卖费用,R 投资公司通过上述交易共获利 3 999 万元。之后 R 投资公司及栾某因涉嫌非法转让土地使用权被检察机关依法提起公诉。

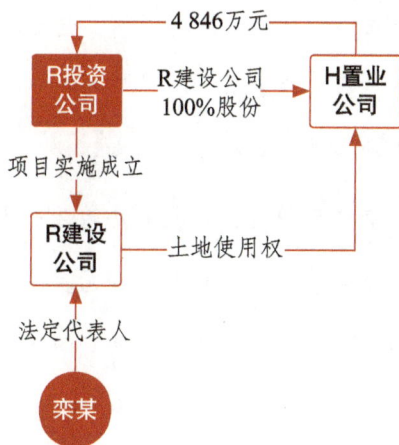

一审法院判决认为，R 投资公司在未支付全部土地使用权出让金、未取得土地使用权证书、未进行投资开发的情况下，以转让 R 建设公司股权的方式将涉案地块土地使用权转让给 H 置业公司，H 置业公司将转让款支付给 R 投资公司，R 投资公司通过上述交易共非法获利 3 999 万元。R 投资公司的上述行为违反了土地管理法规，扰乱

了市场秩序，牟取了非法利益。被告人栾某系被告单位直接负责的主管人员，代表 R 投资公司具体实施非法转让土地使用权行为。被告单位 R 投资公司及被告人栾某的行为符合《刑法》关于非法转让土地使用权罪的全部构成要件。判决结果为：被告单位 R 投资公司犯非法转让土地使用权罪，判处罚金人民币二百五十万元。被告人栾某犯非法转让土地使用权罪，判处有期徒刑三年零六个月，并处罚金人民币二百五十万元。

二审法院认为，关于上诉人栾某及其辩护人、当地检察院针对上诉人栾某应否构成非法转让土地使用权罪的上诉、辩护和出庭意见，经查，上诉人栾某与原审被告单位 R 投资公司竞拍土地最初的目的是用于开发，后经核算后发现因当时房地产开发成本剧增，预留资金不足以开发，而且 R 投资公司已经与商务区开发公司签订协议书并支付了定金，如果不参与竞拍土地将支付巨额违约金，为此经相关政府部门研究决定，将竞拍土地的 R 建设公司的股权转让给 H 置业公司，目的是降低投资风险。二审法院认为，在案证据尚不足以证明上诉人栾某、原审被告单位 R 投资公司单纯出于牟利的目的而转让土地，且股权转让后仍由 R 建设公司持有及开发土地，亦未改变土地用途、性质，故该行为不宜纳入《刑法》规定的范畴作为犯罪处理，故判决上诉人栾某及原审被告单位 R 投资公司不构成非法转让土地使用权罪。

从税务合规的角度分析，这个案件就是提醒大家要兼顾土地管理方面的法规。本案之所以转变为刑事案件，就是因为"名股实地"的对象很特别，是未支付土地出让金、未完成开发的土地。对于这样的地块转让，土地管理法规中是有特别规定的。

《中华人民共和国城市房地产管理法》第三十九条规定："以出让方式取得土地使用权的，转让房地产时，应当符合下列条件：（一）按照出让合同约定已经支付全部土地使用权出让金，并取得土地使用权证书；（二）按照出让合同约定进行投资开发，属于房屋建设工程的，完成开发投资总额的百分之二十五以上，属于成片开发土地的，形成工业用地或者其他建设用地条件。"因此，在转让此类土地时，就不能仅仅从节税的角度考量，而是要兼顾土地管理法规的特别规定。否则，就可能引发刑事风险。

另外，我们不能因为该案件二审法院终审做出了不构成非法转让土地使用权罪，就认为其中的合规风险是不存在的，理由如下。

首先，二审最终做出无罪判决是有前提条件的。其中之一是对主观状态的认定，认为在案证据尚不足以证明上诉人栾某及原审被告单位单纯出于牟利的目的而转让土地。每个案件的情况不同，最终得出的结论就有可能不同。

其次，我们要更多地"以人为本"去判断税务合规风险。一项税务处理，即使有判例认为不构成犯罪，但只要涉嫌犯罪，就应当引起相关人员的高度重视。因为只要涉嫌犯罪，当事人就有可能被采取刑事拘留等强制措施。

五、税务合规与环保合规

一些税收优惠是与环保合规程度绑定的，企业只有做到环保合规，才能享受对应的税收优惠政策。如果企业的环保合规出现问题，遭到了环保机关的行政处罚，哪怕金额很少，也可能对税收优惠产生严重的影响。

【案例6-4】2021年12月29日，J环保股份有限公司（下称"J公司"）发布公告，公布了一起所属孙公司（子公司设立的子公司）青海H水泥有限责任公司（下称"青海H公司"）涉及诉讼的进展情况，青海H公司要求确认环保处罚无效的再审申请被法院驳回。至此，一起旷日持久的行政诉讼画上了句号。事情的大致经过如下。

2015 年 8 月 30 日，环保机关对青海 H 公司进行现场检查时发现，该公司存在污染物超标排放的现象。

据此，2015 年 9 月 23 日，当地环保局对青海 H 公司出具了行政处罚决定书，认定其行为违反了《中华人民共和国大气污染防治法》（以下简称《大气污染防治法》）第十三条的规定，依据《中华人民共和国行政处罚法》第二十三条和《大气污染防治法》第四十八条的规定，对青海 H 公司做出了罚款 5 万元整的行政处罚。同年 12 月 8 日，青海 H 公司向当地环境监理所缴纳了涉案的 5 万元罚款。本来以为这件事情就这样了结了，谁知道后来又突生波澜。

到了 2020 年 5 月 9 日，青海 H 公司突然收到当地税务局第一稽查局出具的税务通知书，被告知由于青海 H 公司存在行政处罚 5 万元，因此不能享受财税（2015）78 号通知所规定的增值税即征即退政策。青海 H 公司应补缴高达 3 655 万元的税款。

青海 H 公司向法院提起诉讼，要求确认当地环保局于 2015 年 9 月 23 日做出的行政处罚决定无效。

但问题是，这一处罚已经过去了将近 5 年，早已超过了 6 个月的起诉期限。而青海 H 公司表示，该公司并不知道这一处罚（企业的说法非常不合常理，法院不予采信），是 2020 年 5 月 9 日收到税务部门的税务通知书后才得知行政处罚一事的。经历了一审、二审、再审的三次审理，青海 H 公司的主张都没有被支持。

这起案件其实很有代表性。很多企业都意识不到税务合规与环保合规之间的关系。在受到环保行政处罚的当下，有些企业会认为金额不大，不值得申诉，通常会选择接受环保行政处罚。但对于环保类可以享受即征即退税收优惠政策的企业来说，环保行政处罚有可能是后续税务处理决定的导火索，小额的环保行政处罚可能引发巨额的税款问题。由于税务机关的税务处理决定与环保行政处罚之间通常会有一定的时间间隔，因此当企业发现环保行政处罚的后果严重，准备采取行政诉讼维权时，可能已经失去了获得法律救济的机会。

综上所述，企业经营必须保持全面合规意识，绝不能仅研究税务方面的法律法规与相关政策，除了税务合规，还要充分兼顾关务、价格、反垄断、土地管理及环保等领域的合规问题。

附　录

税务筹划
实例讲解

纸上得来终觉浅，绝知此事要躬行。无论如何研究政策法规，税务合规与筹划最终只有结合不同的商业场景、交易诉求与制度要求，落实到实际工作中，产生了实际效果，才会有价值。本章以真实税务咨询业务为例，来说明如何在合规的前提下展开税务筹划，争取税收优惠。

一、留学服务机构税务筹划案

商业背景

甲某经营的企业主要为中国学生提供到世界各地的留学服务，其在上海设立了核心公司，并以 LX 为商号在全国设立了关联平台公司，分别负责国内不同地区的招生工作。其如何搭建关联公司平台才能最大程度享受税收优惠呢？

筹划思路

税务咨询公司针对该企业的实际情况，为甲某提供了如下实操建议。

1. 平台公司税收身份的界定

建议平台公司均作为小规模纳税人设立，具体包括陕西 LX、北京 LX、武汉 LX 及哈尔滨 LX。

（1）交易模式与发票开具

平台公司向上海核心公司提供中介服务，促成客户与上海核心公司签约。平台公司向上海核心公司申请代开增值税专用发票，开票科目按照国家税务总局规定的《商品和服务税收分类编码表》设定为"经纪代理服务"，增值税征收率为 3%，上海核心公司向各平台公司支付居间费用。

（2）税务筹划建议

企业税务筹划的要点在于，应充分控制好平台公司从上海核心公司获取的销售额。

① 增值税

A. 作为小规模纳税人，平台公司采取简易计税的增值税计算方法，来缓解因为难以取得增值税专用发票而带来的税款负担。

注意事项：控制平台公司向上海核心公司提供居间服务的年销售额，不应超过 500 万元人民币，否则将失去小规模纳税人的资格，改为按照一般纳税人资格征税。

政策依据：《财政部 国家税务总局关于全面推开营业税改征增值税试点的通知》（财税〔2016〕36 号）附件 1 第十九条规定，"小规模纳税人发生应税行为适用简易计税方法计税。"第三十四条规定，"简易计税方法的应纳税额，是指按照销售额和增值税征收率计算的增值税额，不得抵扣进项税额。应纳税额计算公式：应纳税额＝销售额×征收率。"第十六条规定，"增值税征收率为 3%，财政部和国家税务总局另有规定的除外。"

《财政部 税务总局关于统一增值税小规模纳税人标准的通知》（财税〔2018〕33 号）第一条规定，"增值税小规模纳税人标准为年应征增值税销售额 500 万元及以下。"

B. 小微企业增值税免税政策。在初创阶段，平台公司如果月销售额不超过 15 万元，可以免缴增值税。

政策依据：《财政部 税务总局关于明确增值税小规模纳税人免征增值税政策的公告》（财政部 税务总局公告 2021 年第 11 号）规定，"自 2021 年 4 月 1 日至 2022 年 12 月 31 日，对月销售额 15 万元以下（含本数）的增值税小规模纳税人，免征增值税。"

② 企业所得税

平台公司的年销售额若能控制在 300 万元以下，可以享受小型微利企业所得税优惠政策；如果能够控制在 100 万元以下，那么企业所得税优惠力度更大。

政策依据：根据《国家税务总局关于落实支持小型微利企业和个体工商户发展所得税优惠政策有关事项的公告》（国家税务总局公告 2021 年第 8 号），自 2021 年 1 月 1 日起至 2022 年 12 月 31 日，对小型微利企业年应纳税所得额不超过 100 万元的部分，减按 12.5% 计入应纳税所得额，按 20% 的税率缴纳企业所得税。

根据《财政部 税务总局关于进一步实施小微企业所得税优惠政策的公告》（财政部 税务总局公告 2022 年第 13 号），自 2022 年 1 月 1 日至 2024 年 12 月 31 日，对小型微利企业年应纳税所得额超过 100 万元但不超过 300 万元的部分，减按 25% 计入应纳税所得额，按 20% 的税率缴纳企业所得税。该公告第二条规定："本公告所称小型微利企业，是指从事国家非限制和禁止行业，且同时符合年度应纳税所得额不超过 300 万元、从业人数不超过 300 人、资产总额不超过 5 000 万元等三个条件的企业。"

2. 上海核心公司税收身份的界定

该品牌公司每年为超过 1 000 名客户提供留学服务，并且协助他们实现在国外的执业规划，主要的业务范围包括留学、工作、语言培训、旅游、婚介五大领域。上海核心公司因为汇总了多家平台公司促成的交易，年销售额应该会突破 500 万元，因此建议直接按照一般纳税人进行税务登记。

（1）交易模式

直接与客户签订合同，收取客户支付的款项。

（2）发票开具

对于个人客户，只能开具增值税普通发票；对于企业客户，可以开具增值税专用发票或者增值税普通发票。

税务筹划的要点在于，应充分利用简易计税的税法规定，如加大教育辅助服务、非学历教育的收入比重。

① 简易计税开票科目

A. 以"教育辅助服务"的科目开具发票，这样可以享受增值税简易计税的待遇，避免因为进项发票不足而带来的税款压力。简易计税的征收率为销售额的 3%。公司在业务流程和合同文本的制定上，应当尽量符合"教育辅助服务"的特征。

政策依据：《财政部 国家税务总局关于明确金融 房地产开发 教育辅助服务等增值税政策的通知》（财税〔2016〕140 号）第十三条规定，"一般纳税人提供教育辅助服务，可以选择简易计税方法按照 3% 征收率计算缴纳增值税。"

B. 除"教育辅助服务"外，上海核心公司也可以根据提供服务的具体内容，选择按照"非学历教育服务"开具发票，这样同样适用简易计税，征收率为销售额的 3%。非学历教育服务包括学前教育、各类培训、演讲、讲座、报告会等。

政策依据：《财政部 国家税务总局关于进一步明确全面推开营改增试点有关再保险 不动产租赁和非学历教育等政策的通知》（财税〔2016〕68 号）第三条规定，"一般纳税人提供非学历教育服务，可以选择适用简易计税方法按照 3% 征收率计算应纳税额。"

② 一般计税开票科目

对于不符合"教育辅助服务"和"非学历教育服务"定义的业务，应当据实开具发票，分别核算，按照一般计税方法计税。开票科目主要包括旅游娱乐服务、经纪代理服务（代办工作签证）。上述一般计税的应税服务税率均为 6%。

（3）享受跨境应税行为免税的税收优惠

根据规定，企业享受跨境应税行为免税的税收优惠，须对境内、境外所得分别核算。因此，该公司在与具有出国留学、工作、婚介等意向的客户签订合同时，应当区分境内段与境外段的收费。同时，应当按照国家税务总局的规定，做好税收备案。

政策依据：根据《国家税务总局关于发布〈营业税改征增值税跨境应税行为增值税免税管理办法（试行）〉的公告》（国家税务总局公告 2016 年第 29 号），下列跨境应税行为免征增值税。

① 在境外提供的文化体育服务、教育医疗服务、旅游服务。在境外提供的文化体育服务和教育医疗服务，是指纳税人在境外现场提供的文化体育服务和教育医疗服务。为参加在境外举办的科技活动、文化活动、文化演出、文化比赛、体育比赛、体育表演、体育活动而提供的组织安排服务，属于在境外提供的文化体育服务。

② 向境外单位销售的完全在境外消费的商务辅助服务。纳税人以对外劳务合作方式，向境外单位提供的完全在境外发生的人力资源服务，属于完全在境外消费的人力资源服务。对外劳务合作，是指境内单位与境外单位签订劳务合作合同，按照合同约定组织和协助中国公民赴境外工作的活动。

这里要注意一点，如果上海核心公司要享受跨境应税行为免税的税收优惠，应根据规定在首次享受免税的纳税申报期内或在当地国家税务局规定的申报征期后的其他期限内，到主管税务机关办理跨境应税行为免税备案手续，同时提交以下备案材料：

——《跨境应税行为免税备案表》；

——跨境销售服务或无形资产的合同原件及复印件；

——服务地点在境外的证明材料原件及复印件；

——实际发生相关国际运输服务业务的证明材料；

——服务购买方的机构所在地在境外的证明材料；

——国家税务总局规定的其他资料。

3. 上海核心公司与境外公司之间的税务问题分析

（1）境外公司从上海核心公司取得收入的名目

境外公司应当以服务费的名目向上海核心公司收费，具体可拆分为合作办学合同中外方的服务收费；外方通过商标、特许经营等特许权使用费名目向上海核心公司收费。

操作要点：注意避免形成常设机构，否则外方的企业所得税负担将增加。

政策依据：《国家税务总局关于税收协定执行若干问题的公告》（国家税务总局公告 2018 年第 11 号）第一条规定，"不具有法人资格的中外合作办学机构，以及中外合作办学项目中开展教育教学活动的场所构成税收协定缔约对方居民在中国的常设机构。常设机构条款中关于劳务活动构成常设机构的表述为'在任何十二个月中连续或累计超过六个月'的，按照'在任何十二个月中连续或累计超过 183 天' 的表述执行。"

（2）外汇支付与税款的源泉扣缴

上海 LX 向外方付汇，付汇超过 5 万美元的要办理对外付汇备案。

政策依据：根据《国家税务总局 国家外汇管理局关于服务贸易等项目对外支付税务备案有关问题的公告》（国家税务总局 国家外汇管理局公告 2013 年第 40 号），境内机构和个人向境外单笔支付符合规定情形的等值 5 万美元以上（不含等值 5 万美元）外汇资金的，应向所在地主管税务机关进行税务备案。

（3）税率

税率需要等中外方公司的所属国及收费科目确定后，根据双边税收协定确定。例如，对于特许权使用费，根据中加税收协定，如果外方为加拿大居民企业，则企业所得税代扣代缴税率为 10%。

政策依据：《中华人民共和国政府和加拿大政府关于对所得避免双重征税和防止偷漏税的协定》第十二条规定，"一、发生于缔约国一方而支付给缔约国另一方居民的特许权使用费，可以在该缔约国另一方征税。二、然而，这些特许权使用费也可以在其发生的缔约国，按照该缔约国的法律征税。但是，如果收款人是该特许权使用费受益所有人，则所征税款不应超过特许权使用费总额的百分之十。"

（4）抵扣

如果上海核心公司代扣代缴的税款中包含增值税，那么可以用于一般计税项目税款的抵扣。

政策依据：《财政部 国家税务总局关于全面推开营业税改征增值税试点的通知》（财税〔2016〕36号）附件1第二十五条规定，"下列进项税额准予从销项税额中抵扣：（四）从境外单位或者个人购进服务、无形资产或者不动产，自税务机关或者扣缴义务人取得的解缴税款的完税凭证上注明的增值税额。"

二、企业拆分减少消费税筹划案

商业背景

甲公司是一家知名的境外珠宝首饰生产企业，其早在2000年左右就进入了中国市场。起初，这家境外企业在中国设立的独资公司既做珠宝首饰的生产，又做珠宝首饰的零售。对这家独资企业来说，这种经营模式面临着极大的税务风险。企业既生产又零售，一旦未能准确划分，将导致全部的进口环节缴纳的消费税无法进行抵扣。

筹划思路

原则上，所有进口货物的消费税都由海关代征。《中华人民共和国消费税暂行条例》第四条第三款规定："进口的应税消费品，于报关进口时纳税。"《中华人民共和国消费税暂行条例实施细则》第二十四条第四款规定："进口的应税消费品，由进口人或者其代理人向报关地海关申报纳税。"海关总署公告2006年第15号附件《进口环节消费税应税税目税率表》明确规定了海关代征消费税的宝石类货物的税则号列。

但是，在国家税务总局有明确规定的情况下，进口货物的消费税后移至国内零售环节征收。《财政部 国家税务总局关于调整金银首饰消费税纳税环节有关问题的通知》规定，改为零售环节征收消费税的金银首饰的范围仅限于金、银和金基、银基合金首饰，以及金、银和金基、银基合金的镶嵌首饰。《财政部 国家税务总局关于铂金及其制品税收政策的通知》规定，铂金首饰消费税的征收环节由现行在生产环节和进口环节征收改为在零售环节征收，消费税税率调整为5%。

同时，根据《国家税务总局关于印发〈调整和完善消费税政策征收管理规定〉的通知》，用于连续生产应税消费品的珠宝首饰所缴纳的消费税可以抵扣。

《国家税务总局关于消费税若干征税问题的通知》规定："对自己不生产应税消费品，而只是购进后再销售应税消费品的工业企业，其销售的粮食白酒、薯类白酒、酒精、化妆品、护肤护发品、鞭炮焰火和珠宝玉石，凡不能构成最终消费品直接进入消费品市场，而需进一步生产加工的（如需进一步加浆降度的白酒及食用酒精，需进行调香、调味和勾兑的白酒，需进行深加工、包装、贴标、组合的珠宝玉石、化妆品、酒、鞭炮焰火等），应当征收消费税，同时允许扣除上述外购应税消费品的已纳税款。"

《国家税务总局关于进一步加强消费税纳税申报及税款抵扣管理的通知》规定："从商业企业购进应税消费品连续生产应税消费品，符合抵扣条件的，准予扣除外购应税消费品已纳消费税税款。"

根据上述各项税收政策，甲公司对企业架构进行了调整，境外企业在中国新设立了一个独资公司，专门负责珠宝首饰的零售业务，而原来设立的独资公司，则专门负责珠宝首饰的生产业务，对口销售给新设立的独资公司。这样一来，专门从事生产的独资公司就避免了生产和零售的分别建账、分别库存、分别领料，也避免了相应的税务风险，可以按照规定将进口环节缴纳的消费税全部予以抵扣。

三、综合保税区玉米进口筹划案

商业背景

乙公司计划进口玉米到中国，加工成饲料后进行销售。玉米的进口关税分为配额内关税和配额外关税。配额内关税税率为1%，配额外关税税率为65%。该公司无法取得关税配额。在没有配额的情况下，该公司需要缴纳的关税税率为65%。针对这种情况，乙公司该如何进行税务筹划呢？

筹划思路

乙公司可以充分利用综合保税区的选择性征税政策。进入综合保税区的玉米不需要配额，享受保税待遇；玉米在综合保税区内加工为饲料后，按照饲料申报进口。饲料进口不需要配额，关税最惠国税率为5%。

该公司可以申请在综合保税区内设立加工企业A，并选择不参与一般纳税人试点。加工企业A先将玉米申请进口到综合保税区内，然后在综合保税区内开展饲料加工业务，将进口的玉米加工为饲料，最后将加工好的饲料销售给综合保税区外的企业。加工企业 A 可以选择按照内销成品（饲料）申报纳税。

法律依据：《中华人民共和国海关综合保税区管理办法》第八条规定，"综合保税区与境外之间进出的货物不实行关税配额、许可证件管理，但法律法规、我国缔结或者参加的国际条约、协定另有规定的除外。"

根据《农产品进口关税配额管理暂行办法》的规定，玉米为实施进口关税配额管理的农产品，但由境外进入综合保税区的关税配额农产品，不需要提交《农产品进口关税配额证》，海关按现行规定验放并实施监管。从综合保税区出区进口的关税配额农产品，海关按规定凭《农产品进口关税配额证》办理进口手续。

因此，玉米以加工贸易原料在报关进入综合保税区时，可以享受保税，同时不需要提交《农产品进口关税配额证》。玉米在综合保税区内加工后的最终成品为饲料。根据《海关总署关于非优惠原产地规则中实质性改变标准的规定》，玉米加工成饲料后，税则归类四位数级税目归类发生了变化，因此饲料原产国为中国。在成品饲料出综合保税区内销时，综合保税区按照商品出区状态进行归类和征税。由于成品在出综合保税区时状态为饲料而非玉米，饲料不实施配额和许可证件管理，也不属于由境外进口的饲料，因此饲料出区时仅需履行征税手续即可，不考虑原料（玉米）是否适用配额管理。

在这个税务筹划中，我们需要注意以下两个操作要点。

第一，加工企业 A 不能参加一般纳税人试点。

根据《国家税务总局 财政部 海关总署关于在综合保税区推广增值税一般纳税人资格试点的公告》，试点企业自增值税一般纳税人资格生效之日起，销售的下列货物，向主管税务机关申报缴纳增值税、消费税：

（1）向境内综合保税区外销售的货物；

（2）向综合保税区、不具备退税功能的保税监管场所销售的货物（未经加工的保税货物除外）；

（3）向试点区域内其他试点企业销售的货物（未经加工的保税货物除外）。

试点企业销售上述货物中含有保税货物的，按照保税货物进入海关特殊监管区域时的状态向海关申报缴纳进口税款，并按照规定补缴缓税利息。

因此，如果加工企业 A 参与了一般纳税人试点，取得了一般纳税人资格，那么其只能按照货物入综合保税区时的状态即玉米缴税。有配额证的按照配额税率，没有配额证的按照配额外税率缴纳税款。如果加工企业 A 未参与一般纳税人试点，未取得一般纳税人资格，那么其可以选择按照内销成品（饲料）申报纳税。

第二，在综合保税区内玉米的加工程度需要满足税则号列改变的要求。

同样是将玉米加工为饲料的业务，不同的综合保税区的归类标准可能存在差异。例如，饲料中玉米粉占比上限是多少，各关区掌握尺度并不一致。有的关区认为不能超过 60%，有的关区认为不能超过 95%。针对这一问题，企业可以通过归类预裁定的方式解决。一地直属海关做出的归类预裁定，在全国海关各关区均有效。